──────────── 님의 소중한 미래를 위해
이 책을 드립니다.

십대, 지금 있는 곳에서
시작하라

청소년을 위한 인생 수업

십대, 지금 있는 곳에서 시작하라

방승호 지음

메이트북스

메이트북스 우리는 책이 독자를 위한 것임을 잊지 않는다.
우리는 독자의 꿈을 사랑하고,
그 꿈이 실현될 수 있는 도구를 세상에 내놓는다.

십대, 지금 있는 곳에서 시작하라

초판 1쇄 발행 2019년 5월 20일 | 초판 2쇄 발행 2019년 6월 5일 | 지은이 방승호
펴낸곳 ㈜원앤원콘텐츠그룹 | 펴낸이 강현규 · 정영훈
책임편집 이수민 | 디자인 최정아
마케팅 박병오 · 김윤성 | 홍보 이선미 · 정채훈 · 정선호
등록번호 제301 - 2006 - 001호 | 등록일자 2013년 5월 24일
주소 04778 서울시 성동구 뚝섬로1길 25 서울숲 한라에코밸리 303호 | 전화 (02)2234 - 7117
팩스 (02)2234 - 1086 | 홈페이지 www.matebooks.co.kr | 이메일 khg0109@hanmail.net
값 15,000원 | ISBN 979-11-6002-234-6 43190

이 도서의 국립중앙도서관 출판시도서목록(CIP)은 e - CIP홈페이지(http://www.nl.go.kr/ecip)에서
이용하실 수 있습니다.(CIP제어번호 : CIP2019016384)

방황과 변화를 사랑한다는 것은
살아 있다는 증거다.

· 리하르트 바그너 (독일의 작곡가) ·

교장실에 오면
초코파이 무한리필

⋮

교장실에 매일 100여 명의 아이들이 다녀갑니다. 3월 내내 교실마다 돌아다닌 덕분입니다. "애들아, 안녕! 교장선생님이다"교실 문 사이로 빼꼼 고개를 내민 채 20초 정도 말하고 다른 교실로 이동합니다. 27개 학급을 도는 데 20분 정도 걸립니다. 둘째 주부터는 '교장실에 오면 초코파이 무한리필'이라며 호객행위를 시작합니다. 그때부터 아이들이 하나둘 오기 시작합니다.

　교장실 문을 열고 어색하게 들어오는 아이들을 보면 저도 모르게 자리에서 벌떡 일어납니다. 어느 때부터 생긴 습관인지는 잘 모르겠지만 무의식적으로 일어나 아이들을 반갑게 맞이합니다. "어서 오삼" 웃으며 과자가 가득 담긴 서랍을 열고 초코파이를 건네줍니다. 초코파이를 받은 아이들의 모습은 천사가 따로 없습니다. 환하게 웃으며 다이아몬드보다 더 귀한 물건을 받은 듯 좋아합니다. "선생님 하나 더 주시면 안 돼요?" "왜?" "친구 주려고요." "오매, 착한 거. 그래 여기 있다"

이렇게 아이들과의 대화가 길어지기 시작합니다. 한 명의 친구가 다음 쉬는 시간에 여러 명을 데려오기도 합니다. 마치 저를 친한 사람처럼 대하며 친구들을 소개합니다. "이번에 추가로 입학한 아이예요" "그래 이번 추가 경쟁률이 센데 대단하다"라고 말하면서 저는 맞장구를 칩니다. 쉬는 시간 교장실은 시장통처럼 왁자지껄합니다. 저는 분위기를 띄우기 위해 반은 농담으로 개인기 해볼 사람이 있는지 물어봅니다. "선생님 개인기 하면 초코파이 하나 더 주나요?" "그럼 당연하지." 말이 끝나기가 무섭게 대통령 말투로 모창을 하고, 춤을 추고 노래를 합니다. 교장실은 순식간에 놀이터가 됩니다,

수업 종이 울리면 아이들은 모두 교실로 뛰어 돌아갑니다. 매일 있는 교장실 풍경입니다. 교장실을 찾아오는 아이들과는 자연

스럽게 개별 상담으로 이어집니다. 3교시는 개별 상담 시간이 되었습니다. 이 시간은 저의 하루 일과 중에서 가장 중요한 일이 되었습니다.

어느 날 문득 저는 아이들을 만나 상담 할 때 2시간이 금방 지나가는 것을 알아차렸습니다. 상담에 몰입하는 저를 발견한 것입니다. 소파에 앉아 아침은 무엇을 먹었는지 물어보고, 상담 테이블로 이동해 팔씨름을 하고, 100원짜리 동전을 손바닥에 숨기고 동전이 어느 손에 있는지 찾는 '동전 업다운' 등의 모험놀이를 하고 나서야 아이의 기분을 물어봅니다. 아이의 지금 기분을 통해 과거와 현재와 미래로 여행을 떠나는 것입니다. 여행을 마칠 쯤에는 꿈을 이루는 데 가장 중요한 일 한 가지를 정하고 행동으로 옮겨보자는 다짐을 합니다. 이때 결정은 지금까지 행동과는 다르게 새로운 마음으로 하는 것입니다.

그동안 제가 아이들에게 무언가를 해주었다고 생각해왔습니다. 그러나 그 생각이 틀렸다는 것, 그저 제가 옳다는 생각에 빠져 있었음을 문득 깨닫게 되었습니다. 이후 저는 아이들에게 무엇을 어떻게 해준다는 생각 없이, 그 어떤 분별심도 없이 아이들을 대해야 그들을 다르게 볼 수 있다는 통찰력을 얻게 되었습니다. 그 후 아이들과의 만남이 더욱 자유로워졌습니다. 학교 안과 밖에서 수많은 학생을 만나면서 딱딱하지 않고 기쁨과 즐거움 속에서 스스로 선택할 수 있는 기회를 주는 상담만이 그들이 앞으로 나아갈 수 있는 용기를 줄 수 있다는 것을 알게 되었습니다.

"학교에 다니는 4년 동안 답안지에 2번만 썼어요." 한 아이는 이를 두고 '기둥'을 세웠다고 했습니다. 또 다른 아이는 학교에서 마술을 했다고 합니다. 자다 일어나 보면 선생님이 매번 바뀌어 있다고 웃으며 말했습니다. 이랬던 아이들이 자신이 있어야 할 곳, 가야 할 곳을 찾아가기 시작했습니다. 그 어떤 충고도, 판단도 없이 아이들을 있는 그대로 마주하면서 웃고 놀다 보니 놀라운 변화가 일어났던 겁니다. 아이들 대부분이 상담 시간이 참 빨리 지나갔다고 웃으며 대답합니다. 마음에서 마음으로 사랑이 전달된 것입니다.

저와 아이들은 상담 시간 동안 일종의 몰입 명상 상태에 빠져 있었습니다. 내면의 소리에 귀를 기울이는 몰입의 시간이었던 것 같습니다. 그 시간을 통해 아이들은 잃어버렸던 본래의 모습을 찾아가며 가려져 있던 또 다른 세상을 희망으로 바라보기 시작했습니다. 저 또한 아이들을 만나면서 제가 좋아하는 일을 찾았고, 어릴 때부터 가졌던 가수의 꿈도 이루었습니다. 생각해보니 아이들의 끊임없는 지지 덕분에 제가 지금 여기까지 올 수 있었습니다. 함께 놀아주었던 모든 친구들에게 진심으로 감사함을 전합니다. 아이들이 앞으로 하는 일마다 잘되고 행복했으면 좋겠습니다.

마지막으로 부족한 것이 많은 저에게 언제나 힘이 되어 주는 사랑하는 아내이자 초등학교 선생님인 송영남, 중학교 선생님인 큰 딸 숙현, 작은 딸 서연이가 있어 감사하고 행복하다는 말을 전하고 싶습니다. 그리고 이 책이 세상에 나올 수 있도록 마음을 다해 도움을 주신 모든 분들에게 감사드립니다.

방승호

Contents

1장
놓치고 싶지 않은
나의 꿈, 나의 행복

2장

걱정하지 마.
모두 잘될 거야. 파이팅!

3장

괜찮아, 괜찮아!
넌 그대로도 정말 괜찮아

6장
—

나답게 멋지게
문제를 해결하는 법

지금 이 순간 얼마든지 다시 시작할 수 있다

놓치고 싶지 않은 꿈과 행복이 있다면?

꿈만 꾼다고 이루어지지 않는다. 작은 실천이 중요하다

마음속 활기를 찾으면 행복이 다시 찾아온다

뭔가 하고 싶은 것에 최선을 다해보자

자신이 하고 싶은 일을 할 때 더욱더 집중할 수 있다

1장
놓치고 싶지 않은 나의 꿈, 나의 행복

지금 이 순간 얼마든지
다시 시작할 수 있다

．
．
．

미래를 걱정 없이 준비하고 싶다면
하루에 한 번씩 자기 기분이 어떤지 확인하고,
그때마다 자기 목소리를 듣고 친절하게 대답해주는 습관을 들여야 합니다.

준일이는 특성화고등학교 3학년입니다. 어릴 때부터 부모님이
이사를 너무 자주 다녀서 몹시 힘들었습니다. 초등학교 때는 부
모님이 공부해야 한다고 강력하게 말씀하셔서 학원을 다녔지만
지금 와서 돌아보면 수동적으로 다닌 것이 아쉽기만 합니다. 중
학교 때는 운동하느라 손에서 공부를 놓았고, 특성화고등학교에

입학해서는 어떻게 해야 할지 몰라 고민했습니다.

대학수학능력시험일이 다가오고 친구들이 대입 원서를 쓰는 것을 보니 이대로 돈을 벌어야 할지, 친구들처럼 대학에 가야 할지 판단이 서지 않습니다.

나만의 화살을 만들어
화살통에 넣어보자

이런 고민은 준일이 또래가 공통적으로 겪는 과정인데 준일이는 자신만 아무것도 할 수 없고 현실에서 벗어나 있다고 생각합니다. 나는 이러한 생각 자체를 '준비'라는 단어로 말합니다. 준일이가 걱정하는 것 자체가 준비하는 것입니다. 준비는 송골매가 물고기를 발견하는 것처럼 하루하루 나만의 화살을 만들어 화살통에 넣는 과정입니다. 그런데 조바심이 나서 계획 없이 서두르고 목적 없이 곁눈질하며 시간을 보내게 됩니다.

무엇을 해야 할지 걱정하는 아이들에게 자기 삶을 구분해 되돌아보게 하면, 당시와는 다르게 변덕스러운 면들이 있었음을 확연히 알게 됩니다. 어떤 때는 한 걸음 전진했으나 또 어떤 때는 한 걸음 물러나 있는 자신을 마주하기도 합니다. 그동안 세상에서 이야기되는 잘된 친구와 자신을 비교하며 자책하느라 무기력하게 있었던 것도 알아차립니다.

수능이 다가오면 진로문제로 상담하는 아이들이 많습니다. 보통 진로를 걱정하는 아이와 상담할 때는 좀 다른 방법으로 접근합니다. 먼저 자기 인생을 제삼자가 되어 객관적으로 볼 수 있는 시간을 줍니다. 지금까지 살아온 삶을 시간단위로 구분해보는 것입니다. 주로 5년 단위로 살펴봅니다. 그리고 그 시기에 있었던 특정한 사건, 인물 등을 생각해서 쓰게 합니다. 아이들마다 정말 다른 결과가 나오는데 나는 이것을 '라이프 타임 라인'이라고 합니다.

라이프 타임 라인은 어떤 날은 용기가 생겼다가 어떤 날은 겨울잠을 자듯 멈추었다는 것을 아프지 않게 알려줍니다. 그리고 어느 순간 자신에게 너그러워져야 한다는 것을 알게 해줍니다.

준일이의 라이프 타임 라인 이야기를 들었습니다. 준일이는 종로구에서 태어나 다섯 살까지는 유치원을 다녔습니다. 서대문구로 이사 가서도 유치원을 다녔는데 이사를 자주 다닌 기억이 있습니다. 열 살까지는 방과 후 공부방에 다닌 기억만 나고 열다섯 살까지는 주로 운동을 했습니다. 초등학교 4학년 때부터 태권도를 했습니다. 학교 수업이 끝나면 도장에 가서 훈련했습니다. 지방으로 가서 합숙 훈련도 했는데, 5학년 때는 서울시 대회에 나가 금메달을 따서 전국 대회에도 나갔습니다. 이때 개인전에서는 떨어졌지만 단체전에서 우승해 학교 방송 시간에 상을 받았을 때 행복했습니다.

중학교에 올라와서 태권도를 그만두었지만 축구를 좋아하게 되었습니다. 그리고 작년부터는 댄스 오디션을 몇 번 보았으나 떨어져 다른 길을 가야 할 것 같다고 생각하고 있습니다.

우리는 가야 할 곳을
가면서 배운다

준일이에게 지금 좀더 깊이 나누고 싶은 이야기가 무엇인지 다시 물었더니 진로와 취업이라고 했습니다. 현재 혼란스러운 상태를 수치로 표현해보라고 했더니 대학 가고 싶은 마음이 40% 정도, 취업해서 돈을 벌고 싶은 것이 60% 정도라고 했습니다. 사실 대학에 가서 하고 싶은 것은 없는데 한편으로 무언가 더 배워야 할 것 같다는 생각이 든다고 했습니다. 취업하려는 이유는 집에 돈이 너무 없어서 빨리 사회에 나가 돈을 벌어야 할 것 같기 때문이라고 했습니다.

준일이는 가난하지 않은 삶을 살고 싶어합니다. 지금 아빠가 돈을 벌지만 가정형편이 너무 어렵습니다. 부모님이 조금 원망스럽기도 한데 가난 때문에 학교에 다니면서 자존감을 많이 잃었습니다. 항상 돈 걱정을 하는 부모님한테 미안해서 하고 싶은 것이 있어도 말하지 못하고 그냥 살았습니다.

준일이에게 이 문제를 어떻게 해결하면 좋을지 물었습니다. 자신이 해야 할 일을 누가 대신해줄 수 있는 것은 없는 것 같다고 했습니다. 지금 형편으로는 부모님도 마찬가지라서 직접 벌어서 스스로 해야 할 것을 찾아야 한다고 했습니다. 그래서 먼저 취업해야 할지 진학해야 할지부터 결정해야 하는데 너무 혼란스럽다고 했습니다. 지금까지는 속으로만 생각했는데 이제부터 친구나 가족과 진지하게 상의해야겠다고 했습니다.

인도의 종교가이지 시인인 '카비르'는 우리가 어디에 있든 그곳이 시작점이라고 했습니다. 이 말은 우리는 가야 할 곳을 가면서 배우게 된다는 의미입니다.

준일이는 가운뎃손가락과 넷째손가락에 각각 금색, 은색 반지를 끼고 있습니다. 머리는 둥글게 깎고 바지도 다른 사람은 소화하기 힘든 검은색 군복바지로 멋을 부렸습니다. 준일이에게 오늘이 자기만의 화살을 만드는 출발점이 되었으면 좋겠습니다.

미래를 걱정 없이 준비하고 싶다면 하루 한 번씩 자기 기분이 어떤지 확인하고, 그때마다 자기 목소리를 듣고 친절하게 대답해주는 습관을 들여야 합니다. 나만의 과녁에 활을 정확히 조준하는 것입니다. 그래야 내적인 혼란을 걷어내고 진정한 자기 능력을 발견하고 발휘할 수 있습니다.

solution
❶ 진정한 행복은 지금 이 순간에 있습니다.
❷ 미래는 지금 이 순간을 어떻게 보내느냐에 달려 있습니다.
❸ 기분을 전환하기 위해 지금 해야 할 일 한 가지에 최선을 다해봅니다. 그래도 불안하면 운동복으로 갈아입고 나가서 뛰다보면 지금 이 순간이 행복해질 것입니다.

놓치고 싶지 않은
꿈과 행복이 있다면?

:
:
:

행복은 멀리 있는 것이 아닙니다.
아침 시간, 자기 5분 전에 그 비법이 있습니다.
이 시간에 정말 궁금하고 해결하고 싶은 문제를
문장으로 만들어 편안하게 자신에게 물어봅니다.

교장실 밖에서 서성거리던 혁수가 문을 열고 상담하고 싶다며
들어왔습니다. 혁수는 학교에 게임학과가 있는 줄 모르고 관광
과로 들어왔는데 관광과에 있는 것이 시간이 아깝다면서 게임과
에서 수업을 들을 수 있는지 물었습니다.

혁수는 처음에 공업고등학교를 다녔는데 시간이 갈수록 '내가

왜 여기 다니지' 하는 생각이 들었습니다. 그래서 일반고로 전학했다가 다시 직업학교로 옮겼지만 학교에 적응하지 못해 상담 선생님과 거의 매일 상담했고, 우연히 모델 체험 프로그램을 추천받아 참여했지만 그것도 맞지 않았습니다.

도전에는 언제나
보상이 따른다

하얀 운동화에 감색 교복을 단정하게 입은 혁수에게 일단 앉으라고 한 뒤 전과는 안 된다고 말해주었습니다. 아쉬워하는 혁수에게 물과 과자를 주고 잠시 이야기를 나누었습니다. 그런 다음 상담 테이블로 자리를 옮겨 외다리전투를 하자고 했습니다. 외다리전투는 한 손으로 자기 다리를 잡고, 다른 한 손으로 상대방 손을 잡고 한쪽 다리로 서 있는 상태에서 닭싸움처럼 밀고 당겨 먼저 움직이는 사람이 지는 모험놀이입니다. 놀이를 마친 혁수가 얼굴이 벌게진 채 재미있다며 환하게 웃었습니다.

혁수가 어떤 고민을 해왔는지 자세한 이야기를 들었습니다. 혁수는 그동안 미술, 예술, 로봇, 해외취업 등 너무 많은 생각을 했습니다. 그러다가 헬스를 시작한 뒤 변화가 많았는데, 이때 아

26

빠 사업이 잘 안 되면서 모든 것이 물 건너갔습니다. 그 때문에 지금은 '프로게이머'가 되기로 진로를 택했고, e스포츠만큼 좋아하는 것은 없었습니다.

공고에서 일반고등학교로 전학한 뒤 현재 학교 교육방식은 아니라고 판단해 과감하게 학교 공부를 접었습니다. 그리고 스페인어 공부를 시작했는데 언어를 공부하다보니 자연스럽게 세상을 보는 시야가 넓어졌고 이것저것 경험하게 되었습니다.

고등학교 2학년 여름방학 때는 집에서 아무것도 하지 않고 계속 책만 읽었습니다. 학교에서는 수업은 안 듣고 책을 읽다가 졸리면 잤습니다. 2학기 때 친구랑 점심시간에 우연히 철봉을 한 뒤로는 철봉을 열심히 했는데, 철봉을 하면서 인생에 큰 변화가 왔습니다. 멀리서 온 동호회원 8명과 매주 토요일 철봉을 했는데, 우리나라에서는 접하기 힘든 기술을 배우는 동안 행복했습니다.

혁수는 살면서 많은 변화를 경험했다고 합니다. 그래서 그런지 다른 것에도 도전했습니다. 이전 학교에서 스페인어 수업 듣기에 도전하면서 더 넓은 세상을 느꼈습니다. 성격이 바뀌기 시작했고, 통역단 활동에서 자기와 비슷한 친구들을 만나면서 부정적인 생각이 긍정적인 생각으로 채워졌으며, 친구의 권유로 직업학교를 선택했습니다.

변화는 어떤 것을 시작하는
기회로 연결된다

부모가 경제적으로 힘들어지거나 이혼하면 아이들에게 불안감과 외로움이 생기면서 마음에 큰 상처로 남는데, 자신을 거인처럼 보호해주던 세계가 무너지는 느낌을 받기 때문입니다. 이로써 아이들은 무기력해지는 경우가 많습니다. 또 어린 마음에 이렇게 힘든 상황을 자기 탓으로 돌려 죄책감을 느끼기도 합니다.

따라서 다른 사람과의 관계에서도 점점 더 방어적인 태도를 보이게 됩니다. 다행히 혁수는 혼란스러운 상황을 부정하기보다 변화와 도전으로 극복하고 있었습니다. 이렇게 어려운 상황에서도 무언가를 했기 때문에 중심을 찾은 것입니다.

편안하게 자기 이야기를 풀어내는 혁수에게 지금 기분을 물으니 '행복하다'고 했습니다. 행복한 기억을 편안하게 얘기했습니다. 부모님, 친구들과 강원도 여행 갔을 때가 기억에 남는다고 했습니다. 강원도에서 시원한 공기, 멋진 전망, 맛있는 고기, 편한 휴식을 즐기면서 전자기기와 떨어져 많은 생각을 했다고 했습니다. 또 철봉 동호회원들과 밥 먹을 때도 행복하다고 했습니다. 친구 생일파티에 초대되었을 때도 좋았다고 했습니다.

혁수에게 '행복'의 반대가 무엇이냐고 물었더니 '불행'이라고 했습니다. 불행에 대해 이야기를 나누었습니다. 친구가 교통사고로 죽었을 때, 우울증에 걸렸을 때, 아빠 사업이 잘 안 되어 진로를 고민해야 했을 때 불행하다고 느꼈다고 했습니다.

이렇게 글을 쓰고 난 후 느낀 것은 "나의 10대 경험을 바탕으로 지혜로운 사람이 되고, 앞으로 한 명이라도 좋은 방향으로 변화시키면 성공한 사람으로 자부심을 가지고 살 것이다"라고 했습니다. 또 앞으로도 많은 것을 배우고 싶다고 했습니다.

혁수는 이렇게 이야기하고 나니 오랫동안 만나지 못한 사람들도 만나고 싶다고 했습니다. 자기 이야기를 솔직하게 말하고 글로 쓰면서 많은 부분을 알게 되었으며, 고쳐야 할 점이 많은 것 같다고 했습니다.

『죽음의 수용소에서』의 저자 빅터 프랭클의 "인생은 어떤 것이 아니라 어떤 것이 되는 기회 바로 그것이다"라는 말이 생각났습니다. 혹시 가정사 또는 친구 문제로 겁먹고 위축되어 있는 친구가 주변에 있다면, 포기하지 말고 좀더 관심을 가지고 무언가를 할 수 있는 기회를 주면 피해의식에서 벗어나 스스로 중심을 찾게 될 것입니다.

혼란스러운 상황에서 무언가에 도전해 기회를 찾게 하는 것으로 취침 전 5분을 활용하는 방법이 있습니다. 먼저 오늘 하루 생활을 세 문장으로 간단하게 묘사합니다. '오늘 정말 힘들었어'

'오늘 행복했어' 등 느낌을 씁니다. 그리고 그 중 하나를 질문으로 만들어 자신에게 묻습니다. 대답을 어떻게 할지 염려하지 않으며 질문하는 것입니다. 다음 날 우연히 길가에 피어 있는 꽃을 보다가 무언가 하고 싶고, 놓치고 싶지 않은 답을 발견하게 될 것입니다.

solution

❶ 행복은 멀리 있는 것이 아닙니다.

❷ 아침 시간, 자기 5분 전에 그 비법이 있습니다.

❸ 이 시간에 정말 궁금하고 해결하고 싶은 문제를 문장으로 만들어 편안히 자신에게 물어봅니다. 우연한 기회에 메모하고 싶을 정도로 '아하' 하는 생각이 떠오를 것입니다.

꿈만 꾼다고 이루어지지 않는다, 작은 실천이 중요하다

∙
∙
∙

꿈을 찾고 싶다면 주로 무엇을 생각하고 무엇을 좋아하는지 공통점을
찾아봅니다. 그런 다음 어렵지 않게 할 수 있는 것을 실천해봅니다.
그렇게 하다보면 마음속에서 꿈꾸던 것을 만날 수 있습니다.

준희는 중학교 1학년 때 필리핀에서 국제중학교에 다니면서 성
격이 밝아지고 긍정적이 되었습니다. 중학교 2학년 때 한국으로
다시 왔는데 학교 공부를 따라가는 데 어려움을 겪었습니다. 그
러다 한국 친구들이 수업시간에 자는 것을 보고 자기도 자게 되
었는데, 문득 수업시간에 계속 자는 시간이 아까워 고등학교는

직업학교로 진학했습니다.

준희는 원래 가수가 되는 것이 꿈이었는데 유명가수가 되는 것이 생각보다 힘들 것 같아 취미로만 하려고 합니다. 그러다가 자신에게 꽃을 만지는 재능이 있다는 것을 알게 되었고, 지금은 꽃과 함께 있으면 걱정과 근심을 잊습니다.

진심으로
관심을 기울이자

단정한 교복에 큼지막한 빨간색 넥타이가 잘 어울리는 준희를 만났습니다. 준희는 꽃을 좋아하면서 변화를 이룬 아이입니다. 잠시 유학을 다녀온 뒤 학교에 잘 적응하지 못했는데 꽃을 다루는 재능을 발견하면서 꽃을 통해 자신을 표현하며 조금씩 나아졌고 더불어 자신감도 생겼다고 했습니다. 꽃을 만지고 장식할 때면 시간 가는 줄 모릅니다. 담임 선생님도 꽃을 전혀 모르던 아이가 참 신기하다며 학기 초에 비해 엄청나게 성장했다고 칭찬했습니다.

새끼손가락에 예쁘게 네일아트를 한 준희에게 꿈이 무엇이냐고 물었습니다. 플로리스트가 되는 것이라고 했습니다. '꿈' 하면 어떤 단어가 떠오르는지 묻자 '평화로움'이라고 했습니다. 이어서 평화로웠던 기억에 대해 잠시 이야기했습니다. 집에서 누워 있을 때, 여행 갈 때, 학교에서 실습할 때 평화롭다고 했습니다.

평화로움의 반대를 물으니 '혼란스러움'이라고 했습니다. 언제 혼란스러우냐고 하니까 '해야 할 일이 많을 때, 새 학년에 올라갔을 때, 익숙하지 않은 일을 해야 할 때'라고 했습니다. 그리고 이렇게 속마음을 털어놓을 수 있어 좋다고 했습니다. 다시 어떤 '플로리스트'가 되고 싶으냐고 물으니 돈은 적당히 벌고 스트레스 없이 즐겁게 할 수 있는 플로리스트 일을 하고 싶다고 했습니다.

꿈을 이루는 데 장애물이 있느냐고 물으니 없다고 했습니다. 하고 싶은 일에 대해 이야기를 나누었습니다. 꽃과 관련된 대학에 진학해서 공부한 후 학위를 받고 학생들을 가르치거나 플로리스트가 되어 꽃집에서 일하고 싶다고 했습니다.

성공한 하루 일상을 그려보자고 했습니다. "아침에 일어나서 나갈 준비를 하고 일하는 곳에서 사람들한테 웃으면서 꽃다발을 만들어준다. 일을 끝내고 친구랑 만나 밥을 먹으면서 하루 동안 있었던 일을 얘기하고 집으로 돌아가 잘 준비를 하고 잠을 잔다"는 소박한 일상을 이야기했습니다.

잠 잘 자기, 산책하기 등
작은 계획을 세우고 실천해보자

준희는 중학교 때 수업시간에 잠을 안 잘 수도 있었다고 했습니다. 집에서 혼자 공부하는 것을 좋아하다보니 학교에서 졸게 되었고, 선생님이 깨우지 않아서 더 자게 되었다고 했습니다. 수업이 재미있었다면 자지 않았을 것 같다는 생각이 든다고 했습니다. 학교에서 수업시간에 자는 아이들을 위해 해주고 싶은 말이 무엇인지 물었습니다. 자는 시간이 아까우니까 조금만 참고 흥미를 가질 수 있도록 노력해보라는 말을 해주고 싶다고 했습니다.

몇 살에 성공하고 싶으냐고 하니까 스물네 살에 성공하고 싶다고 대답했습니다. 좋아하는 일을 안정적으로 할 수 있고, 돈도 적당히 벌면서 행복하게 살고 싶다고 했습니다.

준희는 '네가 최고야' '예쁘네' '금손이야'라는 칭찬을 듣고 싶다고 했습니다. 금손을 만들기 위해 앞으로 어떻게 해야 하는지 정리했습니다. 잠 잘 자기, 산책하기, 자기 전에 10분 정도 해결하지 못했던 것 풀어내기를 규칙적으로 하기로 약속하고 상담을 마쳤습니다. 앞으로 꽃이 배가 되고 금손이 노가 되어 준희가 넓은 바다를 멋지게 항해할 날을 기대합니다.

사람은 어떤 것에 진심으로 관심을 두고 그것을 행동할 때 자신을 좀더 성장시킬 수 있습니다.

　다음은 묻혀 있는 자기 꿈을 찾는 노하우입니다. 평상시 눈이 가는 신문기사가 무엇인가요? 주로 생각하는 것은 무엇인가요? 자주 보는 영화 종류는 무엇인가요? 이렇게 묻고 조용한 곳으로 가서 집중해서 답해보기 바랍니다. 그리고 마음을 가장 많이 움직이는 것이 무엇인지 생각해봅니다. 그런 다음 그 중 한 가지를 주중에 실천합니다. 그 실천이 잃어버린 열망을 회복해줄 것입니다.

solution

❶ 자기 안에 깊이 묻혀 있는 꿈을 찾습니다.

❷ 주로 무엇을 생각하는지, 어떤 옷을 좋아하고 무슨 영화를 좋아하는지 등을 생각하고 공통점을 조용한 곳에서 찾아봅니다.

❸ 그 중 어렵지 않게 할 수 있는 것을 실천해봅니다. 마음속에 꿈꾸던 것을 만날 수 있을 것입니다.

마음속 활기를 찾으면
행복이 다시 찾아온다

:
:
:

행복을 다시 찾고 싶다면 하루에 20분 혼자 있는 시간을 만들어보세요.
이렇게 규칙적으로 혼자만 있는 시간이 몸과 마음을 잘 유지해주어
흥미로운 삶을 살게 해줄 것입니다.

중학교 2학년인 대호는 초등학교 때 따돌림을 당해 어려움을 겪
은 뒤 다른 사람을 의식하고 눈치를 보는 심리적 어려움을 겪고
있습니다.

　대호는 청소년 인터넷 중독 자가진단 척도로 테스트해본 결과
일반 사용군으로 나왔는데, 이는 인터넷을 하루 2시간 정도 사

용하고 심리적·정서적으로 자기 행동관리를 잘해 어려움이 없는 경우입니다. 대호는 '인터넷 때문에 돈을 더 많이 쓰게 된다'에 그렇다고 대답한 것 외에는 대부분 인터넷 사용에 문제가 없었습니다.

하지만 지금처럼 성취감이 없는 상태가 지속될 경우 게임에 의존해 과몰입에 빠질 우려가 매우 큽니다.

"왕따당한 이후 공부에 흥미를 잃었어요!"

2016년에 이어 2017년 4월 초부터 중학생 대상 게임 과몰입 및 재능개발 프로그램을 9회기로 진행했습니다. 2017년에는 32명이 신청했는데, 주로 지난해에 참여했던 친구들의 소개를 받아서 왔습니다. 그 중 한 친구가 대호입니다. 대호와 깊이 있는 상담을 진행했습니다.

대호는 스포츠머리에 흰색 티와 감색 운동복 바지를 입고 다소 긴장된 표정으로 교장실에 들어왔습니다. 자리에 앉은 대호에게 초코과자와 물을 주었습니다. 바로 팔씨름을 했는데 대호의 오른손 힘이 엄청 강해서 지고 말았습니다. 이어서 왼손으로 팔씨름을 했는데 오른손과 달리 왼손은 힘이 없어서 선생님에게 져주는 것 아니냐고 웃으며 농담을 던졌습니다. 대호는 아니라고 했습니다. 손을 잡은 상태로 운동을 했냐고 물었더니 초등학교 때 태권도와 합기도를 5년 정도 배웠는데 지금은 안 한다고 했습니다.

이어서 게임 이야기를 했습니다. 게임은 4학년 때 친구랑 같이 하면서 알게 되었는데 너무 재미있고 게임 덕에 친구들도 많이 생겼다고 했습니다. 게임을 직업으로 삼을 수 있다는 것을 알게 되면서 더욱 게임을 하고 싶었다고 했습니다. 게임으로 겪는 어려운 점은 게임하면서 화를 내지 않으려고 해도 화를 내는 것이라고 했습니다. 또 상황 판단과 반대로 하는 것, 좀 잘될 때 나대는 것이라고 했습니다.

평소 자신을 '어둡게 하는 것'에 대해 말했습니다. 초등학교 때 욕을 배워 사용하게 된 것, 공부를 못한 것, 거짓말을 한 것이라고 했습니다. 공부는 초등학교 때 왕따를 당한 뒤부터 하지 않게 되었다고 했습니다. 그때부터 공부에 흥미가 떨어지고 공부를 하지 못해 자주 혼이 났다고 했습니다. 지금 와서 생각해보면 그때 계속 공부했으면 잘했을 것 같다고 했습니다.

대호는 자신을 왕따시킨 친구들을 용서했다고 했습니다. 그 친구들도 다 사정이 있어서 그랬을 거라는 생각이 들어 용서했다고 말입니다. 대호는 심성이 곱고 의욕도 있어 조금만 관심을 두면 좋아질 가능성이 매우 큰 아이입니다. 이런 아이들에게는 작은 성공을 자주 경험하게 해서 자신감을 갖게 해주는 것이 아주 중요합니다.

혼자 있는
시간을 가져보자

대호는 '프로게이머'가 되는 것이 꿈이라고 단호하게 말했습니다. 장애물은 롤(LOL)에서 캐릭터 등급을 이야기하는 티어가 낮은 것이라고 했습니다. 프로게이머가 되려면 티어와 공부 실력과 집중력을 키우는 인내심이 필요한 것 같다고 했습니다. 또 공부는 좋아하는 과목인 사회, 역사로 시작하고 게임은 하루에 1~2시간만 해서 기말고사에서 평균점수를 높이겠다고 했습니다.

대호는 상담하면서 성적 이야기를 많이 했습니다. 이번 중간고사에서 수학과 중국어를 많이 공부했는데 기말고사에서는 평균을 80으로 높이고 싶다고 했습니다. 현재는 55 정도라고 했습니다. 열심히 하고 싶은 마음은 있지만 방법에 문제가 있는 듯했습니다.

대호에게 '프로게이머는 ○○이다'라는 문장을 주고 채워보자고 했습니다. '프로게이머는 집중을 잘해야 한다, 프로게이머는 공부를 잘해야 한다, 프로게이머는 노력을 많이 해야 한다'라고 적었습니다.

이어서 어떤 프로게이머가 되고 싶은지 물으니 뭐든 잘하는 프로게이머가 되고 싶다고 했습니다. 그리고 앞으로 게임이든 공부든 열심히 하겠다면서 상담 과정에서 알지 못했던 것을 알게 되어 좋았다고 했습니다.

상담을 마치면서 대호에게 지금 기분이 어떤지 물으니 '좋다'고 했습니다. 좋았던 기억에 대해 이야기를 나누었습니다. 학교에서 친구들을 만난 것, 피시방 대회에서 초보자이지만 형들을 이긴 것, 동물을 좋아해서 강아지를 키운 것이 좋았던 일이라고 했습니다. 강아지 이름을 물었더니 '고구마'라고 하기에 왜 이름을 고구마라고 지었는지 물었습니다. 먹는 것으로 이름을 지으면 오래 산다는 얘기를 들었다고 했습니다.

대호와는 어릴 적 오랫동안 했던 운동과 사회과목 공부를 이번 주부터 규칙적으로 해보기로 약속하고 다음 주에 만나기로 했습니다. 대호가 원하는 성적에 도달하고 활기를 찾을 때까지 앞으로 자주 만나 좀더 깊이 있는 상담을 하기로 했습니다.

활기를 잃은 삶이 만족스럽지 않아서 행복을 다시 찾고 싶다면 하루 20분 혼자 있는 시간을 가져보기 바랍니다. 혼자 있는 시간에 아주 작은 일이라도 자신이 정말 좋아하는 목록을 만들고 그 중 하나씩 실천합니다. 이렇게 규칙적으로 혼자만 있는 시간이 마치 운동을 끝낸 뒤 기분 좋은 상태처럼 몸과 마음을 잘 유지해주어 흥미로운 삶을 살게 해줄 것입니다.

solution

❶ 마음속 활기는 작은 성공감에서 옵니다.

❷ 작은 성공을 이루기 위해 하루에 20분을 투자합니다. 이때는 정말 좋아하는 것을 합니다.

❸ 규칙적으로 하루 20분 혼자만 있는 시간은 마음속 활기를 되찾게 해줄 신기한 마법의 시간이 될 것입니다.

뭔가 하고 싶은 것에
최선을 다해보자

.
.
.

아이들이 좋아하는 것에 마음과 힘을 다하게 하려고 할 때
강압적이거나 일방적인 방법은 통하지 않습니다.
재명이에게는 낭독이라는 방법을 적용했는데
이것이 행복한 인생의 좋은 시작점이 될 것입니다.

중학생인 재명이는 게임 과몰입 프로그램에서 만났습니다. 4월
에 실시한 프로그램에서 유일하게 잠재적 위험군으로 나와서 상
담을 지속하게 되었습니다.

다른 아이들은 다 좋아졌는데 재명이만 변화가 없었습니다.
재명이는 과학에 관심이 많은 것 외에 다른 것은 재미가 없고 관

심도 없습니다. 그래서 당장 고등학교에 진학해야 하는데 고민 이었습니다.

공부하는 이유를
찾게 되면?

영국의 철학자이자 경제학자로 널리 알려진 존 스튜어트 밀이 살았던 19세기에도 한 가지만 좋아하는 청소년이 많았던 모양입니다. 그는 자서전에서 쉽고 재미있는 것 외에 아무것도 배우지 않아도 좋게 되면 다른 중요한 것들이 희생될 수 있다며 염려했습니다.

하지만 요즘 우리나라의 교육현장을 보면 한 가지라도 뭔가 좋아하는 것이 있다는 사실 자체가 축복이라는 생각도 듭니다. 학교에는 정말 아무것도 하지 않고 무기력하게 잠만 자다가 하교하는 아이들이 많기 때문입니다.

그래서 공부 외에 아이가 한 가지만이라도 진심으로 원하는 것이 있을 때 그것을 향해 몸과 마음을 다하게 하는 것이 매우 중요합니다. 그 한 가지 외에 다른 공부 욕심으로 제발 때를 놓치지 않았으면 좋겠습니다.

재명이는 함께 읽은 책에서 '삶에서 진정 중요한 것'이란 단원을 읽은 뒤 느낌을 이야기했습니다. 여러 가지 이야기를 하다가 마지막에 재명이는 그동안 공부하는 이유도 모르고 공부한 것 같다고 했습니다. 우선 공부해야 하는 이유를 찾아야겠다고 했습니다.

재명이의 대답을 듣고 몸에 소름이 돋는 것 같았습니다. 재명이의 말에서 진심이 느껴졌기 때문입니다. 사실 교육자인 나도 그동안 공부를 왜 해야 하는지 모르고 살아오지 않았나 하는 생각도 들었습니다.

아이 입에서 진심으로 '공부하는 이유를 찾아야겠다'는 말을 듣고는 상담을 계속해도 되겠다는 자신감이 들었습니다. 이어서 공부해야 하는 이유를 들어보았습니다.

재명이는 '미래에 어른이 되어 안정적인 직업을 얻기 위해, 공부가 게임보다 아무래도 유익하기 때문에, 학생인 지금 공부를 꾸준히 해야 나중에 어른이 되었을 때도 변함없이 공부할 수 있기 때문에, 문제를 직접 해결했을 때의 성취감과 희열을 느끼기 위해서'라고 대답했습니다.

공부해야 하는 이유에 아쉬움이 좀 있어서 다시 더 하고 싶은 말은 없는지 재명이에게 물었습니다. 그러자 고등학교 2학년 때부터 공부를 하지 않은 형이 수능을 망친 것을 보고 '나는 저렇게 살지 말아야지'라고 생각한 것이 동기부여가 된 것 같다고 대답했습니다.

낭독은 몰입하는 데
좋은 교육도구다

온순하고 착한 재명이가 혹시 천재가 아닐까, 혹시 에디슨이나 아인슈타인이 아닐까 하는 호기심이 생겼습니다.

그러다가 문득 서울대학교 황농성 교수의 『공부하는 힘』이라는 책이 생각났습니다. 그 책을 꺼내 다시 읽었습니다. 그리고 재명이와 매주 만나 책을 처음부터 한 단원씩 낭독한 뒤 느낌을 이야기했습니다. 한 장마다 가장 중요하게 생각하는 문장을 찾고 그 이유를 종이에 써보았습니다. 다음은 재명이가 선택한 내용과 그 이유입니다.

- 생존을 위해 반드시 '해야 하는 일'을 '좋아하면서 한다'면 행복의 양은 한계가 없이 늘어날 수 있기 때문이다.

  ⋯⋯▶ 나도 과학을 좋아하는데 과학을 공부할 때는 행복하다.

- 삶에서 커다란 의미를 부여하려면 가치 있는 무언가를 성취하고 자신이 가진 능력을 마음껏 펼치는 삶을 살아야 한다.
  ⋯➔ 이것이 공부해야 할 이유가 될 수 있을 것 같다.

- 자신의 숨은 능력을 마음껏 끄집어내어 믿기지 않는 성취를 이루는 것이 바로 자아실현이다.
  ⋯➔ 숨은 능력을 찾는 것은 힘이 든다.

이렇게 쓴 다음 느낌을 물으니 가치 있는 무언가를 실천하고 능력을 마음껏 펼치며 살아야겠다고 했습니다. 다시 가치에 동그라미를 그리고 어떤 가치를 말하느냐고 했더니 즐거움과 성취감이 있는 것이라고 했습니다.

재명이는 상담을 마치면서 오늘 책을 읽고 이야기하며 공부하는 이유를 알았고, 무엇을 하느냐가 아닌 어떻게 하느냐가 중요하다는 것을 알았다고 했습니다. 잠을 자기 전 어려운 과학문제를 답을 보지 않고 몰입해서 해결하고 기록하기 등 실천할 과제를 약속하고 상담을 마무리했습니다.

아이들이 좋아하는 것에 마음과 힘을 다하게 하려고 할 때 강압적이거나 일방적인 방법은 통하지 않습니다. 재명이에게는 낭독이라는 방법을 적용했는데 좋은 책을 같이 한 장씩 읽고 자기

생각을 말하는 것입니다. 그렇게 하다보면 아이들이 또 다른 세
상과 연결되어 '해야 할 일'을 좋아하면서 하게 되는 시작점이
될 수 있습니다.

❶ 뭔가 하고 싶은 일을 찾고 싶다면 좋아하는 책의 목록을 적어봅니다.

❷ 그 중 한 권을 골라 낭독하고 중요한 대목을 써봅니다. 그렇게 하다보면 나름의
이치를 터득하는 행운을 얻게 됩니다.

❸ 내가 선택하고 생각하고 읽다보면 혼란스럽고 우왕좌왕하는 하루하루도 소중히
생각되고 최선을 다하게 될 것입니다.

자신이 하고 싶은 일을 할 때
더욱더 집중할 수 있다

．
．
．

재훈이는 앞으로 게임은 적당량만 하고
공부는 수업시간에 배울 것을 게임과 관련시켜 문제를 만들어 풀면
더 흥미를 가질 수 있을 것 같다고 했습니다.

중학교 3학년인 재훈이는 아현산업정보학교 e스포츠 영재교육
센터에서 실시한 초·중·고 대상 2018 여름방학 게임 과몰입 재능
개발 프로그램에서 만났습니다. 이 프로그램은 2016년부터 8번
째 실시한 과정으로 이번 8기는 그동안 게임 수업에 적용하면서
효과가 좋았던 내용들을 엄선해 교과서로 만들어 진행했습니다.

하고 싶은 것을
먼저 하자

이 프로그램에서는 특히 게임하는 아이들이 싫어하는 수학은 롤 (LOL)의 실제 장면을 캡처해서 만든 문제, 영어 단어와 회화는 게임에 사용하는 단어로 구성했습니다. 게임과 연결된 수업은 롤게임뿐만 아니라 게임영어, 게임수학 시간에도 아이들이 관심을 보였습니다. 결석하는 사람이 거의 없을 정도로 출석률이 좋았습니다.

피부가 마치 새순 돋는 봄 새싹처럼 보드라워 보이는 재훈이에게 참여한 소감을 물었습니다. 게임과 수학, 영어가 함께 어우러져 재미있었다고 했습니다. 집에 가서도 엄마에게 수학이 재미있다고 자랑했다고 했습니다. 학교에서 게임을 하게 될 줄 몰랐는데 교실에서 게임을 하니 정말 신기했다고 했습니다. 특히 어디에서도 배울 수 없는 롤 조작법을 배우고 캐릭터의 장단점을 알아서 좋았다고 했습니다.

재훈이는 초등학교 때 친구들과 함께할 수 있는 마인크래프트로 게임을 시작했습니다. 그동안 게임에 중독되지 않았으며 게임은 스트레스 해소용이었습니다. 이번 게임과 연계해 만들어진 수업 아이디어가 재훈이에게 아주 즐겁고 편안한 시간으로 받아들여져 보람이 있었습니다. 그리고 아이들은 자신이 하고 싶어 하는 것에 함께 조금만 집중해주어도 저절로 자신이 원하는 목소리를 찾아간다는 소중한 경험을 했습니다.

재훈이가 잘 모르는 게임 스킬을 물어서 알았다는 말을 듣고 학교 수업시간에는 모르면 어떻게 하는지 물었습니다. 질문을 잘 안 한다고 하기에 이유가 무엇이냐고 했더니 친구들은 다 아는데 자기만 몰라 혹시 민폐가 될까봐 물어보지 않았다고 했습니다. 하지만 게임을 하면서 물어보니 참 좋았다며 이제 수업시간에도 부끄러워하지 않고 물어볼 수 있을 것 같다고 했습니다.

이렇게 게임과 질문에 대해 이야기하고 난 느낌을 물었습니다. 게임에 대해 더 많이 알게 되어 기분이 좋고 자신감이 생겼다고 했습니다.

궁금한 것은
물어보자

무엇보다 재훈이가 질문할 때 느끼는 두려움을 극복하고 궁금한 것을 피하지 않고 물어보겠다는 마음을 먹게 되어 기뻤습니다. 우리 교실 수업은 잘 몰라도 다른 사람이 어떻게 반응할지 걱정이 앞서고, 그때 올라오는 회피 감정 때문에 질문을 포기하는 문화가 지배적입니다.

상담을 마친 후 이 프로그램으로 수학에 좀더 흥미를 갖게 되었고, 상담하면서 마음의 짐을 내려놓은 것 같다고 했습니다. 이제부터는 언제나 궁금하면 질문해야 한다는 생각이 들었다고 했습니다. 그리고 앞으로 힘든 아이들을 정기적으로 후원하며 돈에만 미치지 않고 하고 싶은 일을 하며 사는 게 꿈이라고 했습니다.

질문해야 할 상황에 다른 사람을 의식해서 포기한 적이 있다면 이런 질문을 하면서 극복해보기 바랍니다. '이상한 행동이 아니라면 내가 해보고 싶은 것은 무엇인가?' 이 질문을 행동으로 받아들이면 다른 사람을 의식하는 데서 벗어나 궁금한 것을 해결하는 응답 과정을 배우게 될 것입니다.

solution

❶ 궁금한 것을 해보지도 않고 그냥 지나가면 많은 것을 잃어버리게 됩니다.

❷ 내가 답한 것 중 하나를 주말에 실천해봅니다.

❸ 가장 효과적인 방법은 할 수 있는지 물어보지 말고 그것을 하고 있다고 말하면서 실천해보는 것입니다. 당신이 움직임과 동시에 신도 같이 움직일 것입니다.

'중2병'을 극복하는 능동적 선택의 힘

과거는 과거일 뿐 언제든 다시 시작할 수 있다

뭔가에 몰입해봐! 세상이 새롭게 보일 거야

걱정과 두려움 때문에 힘들다면 이렇게 해보자

열정이 삶의 방향을 결정한다

오늘 힘들다면 자신과 마주하는 조용한 시간을 가져보자

2장

걱정하지 마. 모두 잘될 거야. 파이팅!

'중2병'을 극복하는
능동적 선택의 힘

종서는 아무 생각 없이 선생님들에게 반항한 것이 아니라
어지러운 생각을 정리하고 발전시켜줄
누군가의 도움이 필요했을 뿐이었습니다.

중학교 2학년인 종서는 역사시간에 선생님에게 욕을 해서 교내
봉사를 하고 있었습니다. 흔히 '중2병'이라고 하는 중학교 2학년
짜리 아이들에게는 어떤 말을 해도 잘 통하지 않습니다. 종서 엄
마는 종서가 학교에서 매사에 마찰이 너무 심하다며 상담을 요
청했습니다.

사소한 선택부터
일단 시작하자

꽉 조이는 청바지에 줄이 3개 그어진 흰색 운동화를 신고 온 종서를 만났습니다. 종서가 무엇을 좋아하는지 사소한 것부터 순차적으로 묻다가 기타와 드럼을 연주하는 모습을 보여주었습니다. 종서는 호기심을 보였고 일주일 뒤 다시 만나 함께 음악 이야기를 한참 했습니다.

종서는 '랩'하는 외국 가수의 동영상을 보여주더니, 어렵게 자란 이 가수를 존경하며 자기와 처지가 비슷해서 좋다고 했습니다. 하지만 사람들은 거친 가사 때문에 불편해한다고 했습니다. 종서는 좋아하는 것이 분명히 있었고, 그 이야기를 할 때는 눈동자가 반짝거렸습니다.

사소하고 작은 것부터 선택할 수 있게 하면서 시작한 상담은 어느새 세 번째까지 이어졌습니다. 그리고 마침내 선생님이 해주고 싶은 이야기를 꺼낼 시점이 왔습니다. 선생님이 좋아하는 책이 있는데 같이 읽어보자고 했더니 종서는 흔쾌히 좋다고 고개를 끄덕였습니다. 이에 꺼내든 책은 황농문 교수의 『공부하는 힘』이었습니다.

먼저 차례를 종서에게 보여주었습니다. "어느 부분을 먼저 읽을래? 가장 관심 가는 부분을 짚어볼래?" 했더니 종서는 '어떤 상황에도 노력을 끌어내는 동기부여의 기술' '철든 사람이 공부도 잘한다'를 선택했습니다.

둘이 번갈아가며 한 쪽씩 읽었습니다. 그런 다음 종서에게 다시 한 번 읽어보고 마음에 와닿는 부분을 체크한 다음 왜 선택했는지 이유도 함께 써보라고 했습니다. 다음은 종서가 선택한 내용과 그 이유입니다.

• 노력 없이 위대해진 사람은 없다.

⋯⋯▶ 그 이유는 아무리 재능이 뛰어나도 노력을 따라갈 수 없기 때문이다.

• 1만 시간의 법칙

⋯⋯▶ 아무리 힘들고 어려워도 1만 시간을 노력하면 성공하는 것을 믿기 때문에 선택했다.

• 최선의 노력을 유도하는 강력한 동기

⋯⋯▶ 정신이 성숙해야 동기의 의미를 알고 찾을 수 있고 동기를 찾음으로써 최선의 노력이 생기기 때문이다.

- 힘들고 고통스러운 상황이 정신적으로 성숙하는 데 도움이 되는 이유

    … 대개 어렸을 때 힘들었던 아이가 커서 많은 생각을 하고 웃게 되기 때문이다.

함께 책을 읽으며 종서가 보여준 모습은 이처럼 성숙했습니다. 종서는 아무 생각 없이 선생님들에게 반항한 것이 아니라 어지러운 생각을 정리하고 발전시켜줄 누군가의 도움이 필요했을 뿐이었습니다.

능동적 선택은
습관이다

종서와 만나 이야기하면서 발견한 새로운 면이 놀라웠습니다. 종서는 매번 상담 약속 시간을 정확하게 지켰습니다. 또 책을 읽고 나서 소감을 이야기하는 모습에서 자기 생각이 아주 깊은 아이임을 깨닫게 했습니다. 단순히 철이 없는 아이가 아니었던 것입니다.

특히 상담 마지막 소감으로 말한 다음 말이 인상적이었습니

다. "선생님, 외부에서 생기는 압력은 중요하지 않다는 것을 느꼈어요. 최선의 노력은 정신적 성숙과 내적 동기에서 생긴다는 것을 알 것 같아요. '1만 시간의 법칙'으로 내 꿈에 대한 자극도 받았어요."

점점 종서는 참관자(방관자)에서 적극적 참여자로 바뀌었습니다. 어디로 향할지 몰라 주변을 불안에 떨게 했던 분노는 어느새 자기는 낮에는 생각이 없고 온순하지만, 밤이 되면 화가 나고 남에게 피해가 가는 행동을 하는 것처럼 아직 완전하지 않다는 마음 상태를 고백하기도 했습니다.

종서와 상담하면서 선택 안에 있는 자유의 힘을 다시 한 번 실감했습니다. 다른 사람과 대화할 때마다 대들고 분노를 표출해 '중2병'이 의심되던 종서는 기타와 드럼 연주 모습을 보았을 때, 책의 목차를 선택할 때 마치 해독제를 맞은 것처럼 부정적 반응을 하나씩 벗어던졌습니다.

선택하는 순간마다 종서의 숨어 있던 내적 동기가 움직이는 것이 느껴졌습니다. 그간 움츠렸던 기분과 감정이 자신의 선택에 따라 다시 돌아온 것입니다. '중2병'으로 의심되거나 힘들어한다면 아주 작은 일부터 내적 선택을 할 수 있는 기회를 만들어 보기 바랍니다.

능동적 선택은 습관입니다. 몸에 배지 않으면 자기 생각과 정

반대로 선택해서 괴로움을 겪게 됩니다. 그래서 반복하는 연습이 필요합니다. 나를 위해 줄 수 있는 작은 선물 목록을 만들고 하루에 하나씩 선택해봅시다. 부정적으로 흐를 수 있는 삶을 왕성한 에너지로 바꾸어줄 것입니다.

과거는 과거일 뿐
언제든 다시 시작할 수 있다

．
．
．

나에게 유난히 행복하고 즐거웠던 기억을
내가 좋아하는 장소에서 조용히 생각해봅니다.
행복은 선택이며 힘들 때마다 그런 나를 격려해주면
다시 살아야 할 이유를 찾게 됩니다.

민호는 운동으로 대학을 가고 싶다며 상담을 신청했습니다. 우리 학교는 서울의 인문계 고등학교에서 공부보다는 직업 교육에 관심 있는 아이들이 오는 곳입니다.

고등학교 2학년 말에 입학 과정을 거쳐 3학년 때 이곳에서 미용, 커피, 패션, 실용음악 등을 배우게 됩니다. 이렇게 입학했다가 다시 다니던 고등학교로 돌아가는 것을 복교라고 합니다. 아이들 마음이 바뀌는 것입니다. 왜 마음이 바뀌었는지 궁금해 복교를 원하면 개별 상담을 진행합니다.

외면하고 싶은 것을
직면해보자

그동안 우리 학교에서 잘 지냈던 민호가 간다고 해서 서운하다는 말을 먼저 건넸습니다. 그런 다음에 왜 가고 싶은지 그 이유를 오늘 저녁에 생각해서 써오라고 했습니다. 과거의 나, 현재의 나 그리고 미래의 나로 나누어 써서 내일 아침 1교시에 다시 보자고 했습니다.

다음 날 아침 민호가 손에 A4 용지를 들고 들어왔습니다. 표정이 아주 밝아 보였습니다. 종이에는 작은 글씨가 앞뒤로 꽉 채워져 있었습니다. 자리에 앉아 무슨 내용인지 궁금하다면서 읽어달라고 했습니다.

민호는 과거의 나로 이야기를 시작했습니다. 초등학교까지 무난하고 행복했는데 중학교 2학년 때 한 친구를 만났고, 그 친구와 함께 이제 다 컸다고 생각했다고 합니다. 그래서 친구들과 어울리며 담배를 피우고, 술을 마시고, 무리를 지어 다니며 나쁜 짓을 한 것 같다고 했습니다.

그렇게 지내다보니 공부와는 담을 쌓았다고 했습니다. 중학교 내내 엇나가기만 하면서 부모님 속을 많이 썩였는데 이렇게 사는 것이 멋있고 잘났고 대단한 걸로 알았다고 했습니다. 지금 생각해보면 참 부질없고 부끄럽게 살았던 것 같다며 후회된다고 했습니다.

민호는 고등학교에 입학해서도 아무 생각 없이 공부는 내팽개치고 노는 것만 생각했습니다. 그러다가 3월에 헬스를 시작하게 되었습니다. 원래 몸이 좋은 것에 대한 로망이 있어 정말 열심히 했습니다. 그러자 몇 달이 지나면서 계속 자신의 몸이 변화하는 것을 느꼈습니다. 그때 성취감을 맛보았는데 아무 생각 없이 운동이라도 열심히 하니까 왠지 모르게 뿌듯했습니다.

자신감은 부정적 센서를 멈추게 한다

민호는 20대 후반에 기반을 다져놓고 30대 중반에는 멋지게 성공하고 싶다고 했습니다. 민호에게 성공한 일상을 가상으로 만들어 상상해보자고 했습니다. 민호는 자신의 미래를 이렇게 계획했습니다.

"나는 스물여섯 살에 PT 매니저가 되었다. 보통 오전 10시에 출근하는데, 오늘은 PT가 꽉 차 있다. 회원들에게 미소를 지으며 인사하고 열심히 PT 수업을 진행한다. 하루 일과를 끝내고 트레이너 동료들과 개인운동을 한다. 퇴근해 여자 친구를 만나 둘이 즐거운 시간을 보낸다."

이렇게 다짐해도 복교하는 아이들에게 걱정되는 부분은 작심삼일이라는 것입니다. 단단하게 마음먹고 시작해보지만 중간에 포기하는 아이들이 많습니다. 왜 포기하는 걸까요? 그 이유는 해결되지 못한 어린 시절의 상처가 마음속에 두려움으로 존재하기 때문입니다. 아이들은 그 두려움을 게으름, 귀차니즘 등으로 표현합니다.

민호는 운동 관련 대학에 진학해서 헬스 트레이너가 되고 싶다고 했습니다. 다른 사람의 인생을 바꾸어주고, 고기를 먹는 방법보다 잡는 방법을 알려주는 멋진 트레이너가 되고 싶다고 했습니다. 이 목표를 이루는 데 큰 장애요소는 '중간에 나태해지는 것'이라고 했습니다.

하지만 경제적인 것과 학교 성적이 더 큰 문제라고 했습니다. 스스로 내놓은 해결책으로 산책을 하거나 혼자 여행을 하면서 항상 초심을 유지하겠다고 했습니다. 아르바이트를 해서 가능하면 부모님에게 손을 벌리지 않겠다고 했습니다.

상담을 마칠 즈음, 오늘 말하고 싶었는데 하지 못한 것이 있는지 다시 살펴보자고 했습니다.

민호가 고개를 숙이며 엄마, 아빠가 이제는 싸우지 않았으면 좋겠다고 했습니다. 민호에게 부모님이 싸운 것이 지금도 떠오르는지 물어보았더니 그렇다고 했습니다. 그때 새해가 된 지 얼마 안 되었던 것 같은데 갑자기 두 분이 또 싸우면서 큰 소리가 나더니 물건도 던지고 몸싸움도 하신 것 같다고 했습니다. 그때 어린 민호는 엄청 두려웠다고 했습니다.

민호와 감정 치유 기법을 사용해 자신의 불편한 감정을 받아들이는 작업을 했습니다. 불안한 어린 시절의 상황과 감정을 문장으로 만들었습니다.

"나는 비록 엄마, 아빠가 심하게 싸울 때 무섭고 큰일이 날 것 같이 불안했지만, 그럼에도 그런 나를 온전히 마음속 깊이 사랑합니다."

이렇게 눈을 감고 다섯 번 반복해서 읊었습니다. 민호는 눈을 뜨면서 마음이 편안해졌으며, 잘 극복할 수 있겠다는 생각이 든다고 했습니다.

부모님이 싸울 때 거실에서 떨고 있던 어린 민호를 생생하게 기억하는 민호에게 다시 '멋지게 자란 열아홉 살 민호'가 '어린 민호'에게 위로를 해주자고 했습니다. 조금 머뭇거리던 민호가 말했습니다. "네 잘못이 아니야. 괜찮아." 이어서 작은 소리로 말했습니다. "미래의 너는 그래도 잘 큰 것 같아. 괜찮아. 이제 걱정하지 않아도 돼. 다 잘될 거야. 파이팅."

상담을 마친 소감으로는, 마음속에 있는 짐을 덜게 된 것 같다고 했습니다. 친구들 외에는 속마음을 털어놓은 적이 없는데, 자신을 더 사랑하게 되고 과거의 자신을 극복한 것 같아 열심히 할 수 있을 것 같다고 했습니다. 오늘 작업이 민호에게 자신을 보호해줄 든든한 밧줄이 되어 두려움에서 벗어나는 기회가 되길 바랍니다.

심리학에서는 과거의 심리적 문제를 해결하기 위해 먼저 외면하고 싶은 것을 직면하게 합니다. 그리고 그것을 문장으로 만들어 의식적으로 통합하는 방법을 사용합니다. 내 과거가 내 일부였듯이 그때 일어난 감정 또한 나의 일부임을 인정하면서 다독이는 것입니다.

심리적·정서적 어려움에서 벗어나는 방법으로 자신감을 키우는 것 또한 도움이 됩니다. 자신감은 부정적 센서를 감시해 자의식을 강하게 만들어줍니다.

조용하고 차분하게 자신을 되돌아보면서 행복하고 자랑스러웠던 경험을 있는 그대로 써봅니다. 이 연습은 절망 속에서도, 길을 잃어버린 날에도 다시 살아야 할 목적을 되살려주고 자신 감을 강화시키는 효과가 있습니다.

뭔가에 몰입해봐!
세상이 새롭게 보일 거야

·
·
·

자기 전에 30분 정도 생각해도 좋고,
일정한 시간을 걸으면서 생각하면 더 좋습니다.
시간이 걸리더라도 문제가 해결될 때까지 꾸준히 도전해봅시다.
그러면 머릿속에 몰입지도가 그려질 것입니다.

정인이는 게임과 수학에 관심이 많습니다. 수학을 좋아하게 된
이유는 중학교 1학년 때 어려운 문제를 풀기 위해 혼자 한 시간
이상 끙끙댔는데 그때 힘들었지만 기분이 좋았던 기억이 생생하
기 때문입니다. 몰입을 경험한 것입니다.

　하지만 정인이는 수학 외에 다른 과목은 점점 손에서 놓게 되

면서 게임을 더 하게 되었습니다.

정인이는 게임을 하느라 계획한 일을 하지 못한 적이 몇 번 있으며, 게임 때문에 돈을 너무 많이 썼습니다. 담임 선생님이 정인이는 원래 공부를 아주 잘하는데 요즘 게임에 빠져 있다며 상담을 의뢰했습니다.

게임은 몰입을 경험하게 하는 아주 멋진 도구다

정인이가 말끝마다 '헤헤' 하고 웃을 때 착한 아이라는 느낌이 들었습니다.

이런 정인이에게 몰입전문가 황농문 교수의 『공부하는 힘』에서 불안감을 자신감으로 바꾸는 몰입을 소개하고, 게임은 좀더 쉽게 몰입할 수 있는 아주 좋은 도구라고 알려주었습니다. 게임에서 이기려는 것이 도전이고, 이기기 위해 좀더 잘하려고 노력하는 것이 응전이라고 설명해주었습니다.

첫 번째 상담을 마치면서 이렇게 게임할 때와 같은 마음으로 자기 전에 한 시간씩 어려운 수학문제를 풀어보는 도전을 시도하기로 약속하고 다음 주에 만나기로 했습니다.

일주일 후 다시 만난 정인이는 매일 저녁 자기 전에 30분 정도 학교에서 해결하지 못한 수학문제를 풀었다고 했습니다. 처음에는 힘들었지만 문제를 풀었을 때 쾌감을 느끼고 마치 100만 원 상당의 아이템을 얻은 것 같은 기분이 들어 내일 '또 해야지' 하는 마음이 들었다고 했습니다.

이렇게 어려운 것에 도전해서 해결해본 경험은 살아가는 데 큰 원동력이 됩니다. 도전과 응전을 통한 반복적인 성공이 천재를 만들어낸다고도 합니다. 정인이가 계속 어려운 수학문제에 도전하는 습관을 들일 때까지 상담을 계속하기로 했습니다.

살면서 신났던 기억을 이야기해보라고 했더니 키보드를 샀을 때라고 했습니다. 원래 사용하던 키보드가 좋지 않아 두 달 전부터 돈을 모았다고 했습니다. 부모님이 컴퓨터를 바꾸어주었을 때도 좋았고 수학자를 만났을 때도 정말 좋았다고 했습니다.

텔레비전 다큐멘터리에서 보았던 프랑스 수학자의 강의를 박물관에 견학 가서 우연히 들었다고 합니다. 강의를 마치고 어떻게 하면 공부를 잘할 수 있는지 질문했는데 '노력하면 누구든지 잘할 수 있다'는 답변을 듣고 열심히 공부해야겠다고 생각했으며 기분이 좋았다고 했습니다. 그 뒤로 수학에 관심이 많아졌다고 했습니다.

이어서 '신난다'의 반대를 물으니 '우울한 것'이라고 했습니다.

우울했던 과거로 여행을 떠났습니다. 1학년 때 스마트폰이 양아치들한테 포맷당해 게임과 사진이 다 날아가 너무 속상했다고 했습니다. 나중에 친구를 통해 그들에게 보복했다고 했습니다. 그래서 그것이 가능한지 물었더니 친구와 아는 형이 해킹 전문가라고 했습니다. 나쁜 짓인 줄 알지만 너무 괘씸해서 그랬다기에 확인은 했는지 물었더니 안 했다고 했습니다.

이렇게 이야기하고 난 뒤 기분을 물었습니다. 우울한 것은 한 달 정도 간 것 같고, 기쁜 것은 몇 달 간 것 같다고 대답했습니다.

나만의 '신중하게 계획된 연습'을 해보자

정인이에게 오늘 상담이 어떤 의미가 있었는지 알아보자면서 천사카드 뭉치에서 카드를 한 장 뽑게 했습니다. 봉사 카드가 나왔기에 그 중 가장 마음에 드는 문구를 골라 읽으라고 했습니다. '나는 최대한 긍정적으로 봉사하며 친구들에게 좋은 친구가 될 것'이라는 문장을 선택해 세 번 같이 읽었습니다.

정인이는 상담을 마치고 나서 오늘 자신을 되돌아보니 어느 때 우울하고 어느 때 신나는지 알았으며 문제에 대한 대책을 세워 기분이 너무 좋다고 소감을 말했습니다.

정인이는 해킹 보안 쪽 일을 하는 것이 꿈이라고 했습니다. 외국에 있는 해킹 보안과에 가서 최초로 신규 백신을 만들고 해커들을 잡는 사람이 되고 싶다고 비전을 말했습니다. 그러기 위해서 스마트폰 사용은 하루에 한 시간, 게임은 일주일에 두 시간만 하겠다고 약속했습니다.

황농문 교수는 『공부하는 힘』에서 '몰입을 통해 머리가 좋아지는' 방법으로 보이는 곳마다 '생각하라'고 써놓는 것이 도움이 된다고 했습니다. 그리고 '미지의 문제'를 설정하고 도전해 성공 경험을 하는 것도 매우 중요하다고 했습니다. 또 어떤 분야든지 성공한 사람들은 공통적으로 '신중하게 계획된 연습'을 한다고 했습니다. 정인이가 꾸준히 도전해 자기 꿈인 해킹 보안의 꿈을 이루었으면 좋겠습니다.

solution

❶ 오늘 한 가지 몰입할 것을 정해봅니다.

❷ 수업 중 어려워서 잘 안 풀렸던 것도 좋고, 암기가 잘 안 되는 것도 좋습니다.

❸ 답을 보지 말고 머리로만 해결해봅니다. 자기 전에 30분 정도 생각해도 좋고, 일정한 시간 걸으면서 생각해도 더 좋습니다. 시간이 걸리더라도 문제가 해결될 때까지 꾸준히 도전해봅시다. 이렇게 해서 해결된 경험이 머리에 엄청난 몰입지도를 그려줄 것입니다.

걱정과 두려움 때문에 힘들다면
이렇게 해보자

:

걱정이 된다면 무엇을 걱정하는지 생각해봅니다.
멋진 나무가 있으면 그 나무에 기대어
나무와 걱정에 대해 대화를 나누어봅니다.
그리고 들려오는 나무의 소리에 조용히 귀 기울여봅니다.

준희는 유치원 때 피아노 치기를 좋아해서 피아노를 배우기 시작했습니다. 그러나 고등학교에 들어와서는 대학 진학 때문에 스트레스를 받아 피아노를 치는 시간보다 걱정하는 시간이 더 많아졌습니다. 어느 사이 준희는 진학에 대한 걱정이 생각과 행동을 마비시켜 더는 앞으로 나아가지 못했습니다.

준희는 피아노 전공 음악 영재로 뽑혀 자부심도 있지만 요즘 집중이 잘 안 되어 걱정이 많은데, 피아노를 정말 잘 치고 싶습니다. 이런 상태가 지속되면 타고난 능력을 바로 보는 전체적 시각을 상실하게 되고 강박관념이라는 올가미에 매이게 되는데, 이는 예체능을 하는 친구들이 공통적으로 겪는 심리적 문제입니다.

집중했을 때를
기억하고 체크해보자

하얀 반바지로 한껏 멋을 부리고 교장실을 찾은 준희를 만났습니다. 준희는 대학에 갈 수 있을지, 성공할 수 있을지, 행복할 수 있을지 걱정된다고 했습니다. 온통 미래에 대한 걱정으로 현재에 집중해 행동하지 못하고 결과에만 치중하기 때문에 이런 걱정을 하는 것입니다. 주로 어떤 때 걱정이 되었는지 생각해보자고 했더니 휴대전화를 잃어버렸을 때 엄마에게 혼날까봐 걱정이 많이 되었다고 했습니다. 친구들과 싸웠을 때도 그렇고, 사고를 쳤을 때도 걱정이 많이 되었다고 했습니다.

이렇게 걱정에 대해 이야기한 후 느낌은 시간이 지나고 보니 아무것도 아니었다는 생각이 든다고 했습니다. 그리고 앞으로는 잘못하면 바로 사과하겠다고 했습니다. 또 걱정만 하지 않고 노력하겠다고 했습니다.

걱정이 많은 준희에게 살면서 도움을 받은 사람이 있는지 물어보았습니다. 이 질문은 앞으로 불안할 때 도움을 받을 수 있는 사람이 있다는 것을 알려주려고 한 것입니다. 그러자 선배가 있는데, 그 이유는 착하고 솔직하게 말해주기 때문이라고 했습니다. 또 위로가 되고 격려가 되었던 일을 물으니 '잘하고 있어' '힘을 내'라는 말이 좋았다고 했습니다. 화가 나서 혼자 슬퍼할 때 레슨 선생님이 그렇게 말해주어 힘이 되었다고 했습니다.

준희는 꿈을 이루는 데 또 다른 걱정은 '돈'과 '가정'이라고 했습니다. 집중력도 부족하고 휴대전화도 문제라고 했습니다. 놀고 싶은 것과 미루기도 큰 장애물인데, 돈은 알바를 해서 벌고 집중력은 혼자만의 방법을 터득하겠다고 했습니다. 또 자기만의 방법으로 몰입해서 집중한 느낌을 매번 체크해서 기억하고, 10번 이상 실천해 익숙해지도록 하겠다고 했습니다. 그래서 스스로 '잘했어' '힘내'라고 칭찬해주겠다고 했습니다.

준희에게 어떤 사람이 되고 싶은지 물으니 '부럽게 만드는 사람'이 되고 싶다고 했습니다. 그리고 '나는 행복한 사람이다' '나는 좋은 사람이다'라고 했습니다. 이런 사람이 되려면 집중해서 연습해야 한다고 하기에 오늘부터 30분 집중해서 연습하기, 도전정신 갖기, 피아노 레슨 숙제 미루지 않기를 약속했습니다. 이런 목표는 결과에 치중하지 않고 과정에 충실할 수 있는 요소들입니다. 이는 오늘 내가 할 일이 있다는 것을 받아들이고 행동으로 실천하겠다는 다짐에서부터 출발합니다.

참새같이
작아 보이는 일부터 하자

준희와 '대학에 떨어지면 어떡하지?' '연습이 잘 안 돼' 하는 생각이 떠오를 때마다 '그래, 그건 나중 문제야'라고 단호히 말하고 오늘 연습할 분량을 해치우기로 약속했습니다. 또 집중이 잘되었을 때, 즉 몰입되었을 때마다 느낌과 상황을 관찰하고 체크해 앞으로 몰입 상황을 스스로 만드는 것까지 해보자고 했습니다.

밝아진 준희와 상담을 마무리하면서 동전을 손바닥에 숨기고 찾는 활동을 했습니다. 표정이 더 밝아졌기에 기분을 물으니 좀 편안해졌다고 했습니다. '편안한' 이야기로 마무리했습니다. 나는 밥을 먹고 텔레비전 보다가 자는 것이 제일 편안하다며 웃었습니다. 준희도 아무것도 안 할 때 편안하다고 했습니다. 또 자기 전 누웠을 때도 걱정거리가 없어서 편안하다고 했습니다.

상담을 마친 소감으로 '어떻게 해야 할지 방법을 찾았다' '앞으로 훌륭한 사람이 되겠다'고 했습니다. 몰입 경험을 열 번 이상 문자로 보내겠다고 약속했습니다. 걱정을 알아차리고 참새같이 작아 보이거나 사소해 보이는 일들을 꾸준히 실천하면 어릴 때 즐겁고 행복하게 치던 피아노 한 음 한 음의 선율과 다시 만나는 기적을 만들어줄 것입니다.

일상이 걱정되어 힘들다면 하루 동안 자신이 무엇으로 걱정하는지 살펴봅니다. 그리고 자신감을 가지고 편안한 장소로 이동해서 주로 어떤 걱정과 불평을 하는지 생각하고, 가장 큰 걱정 3가지를 기록해봅니다. 다시 일상으로 돌아와 걱정되는 생각이 떠오를 때마다 알아차리고는 "나는 이 걱정을 원치 않는다. 나는 다른 선택을 할 것이다"라고 조용히 자신에게 세 번 말해보기 바랍니다. 아마 놀라운 해결책이 떠오를 것입니다.

solution

❶ 걱정이 된다면 무엇을 걱정하는지 지금 있는 장소에서 벗어나 생각해봅니다.
❷ 멋진 나무가 있으면 그 나무에 기대어 나무와 걱정에 대해 대화를 나누어봅니다.
❸ 나무에서 무슨 대답이 나오는지 조용히 귀 기울여봅니다. 놀라운 소리를 들을 수 있을 것입니다.

열정이 삶의 방향을
결정한다

·
·
·

예진이는 얼마 전 마지막 공연이라고 생각하고 섰던 무대에서
내면 깊숙이 올라오는 자신만의 세상을 만나 용기를 내게 되었습니다.
예진이가 성공해 많은 사람에게 희망이 되면 좋겠습니다.

예진이는 아홉 살 때 동네 지역아동센터에서 댄스를 배운 뒤부터 노래와 춤에 관심을 갖게 되었습니다. 하지만 엄격한 엄마 때문에 학원과 집 외에 다른 곳을 갈 수 없어서 혼자만의 비밀로 간직하고 살아왔습니다. 예진이는 그동안 꿈을 비밀스럽게 마음에 꽁꽁 숨겼습니다.

중학교에 올라와서 '댄스와 노래' 학원을 다니고 싶다고 졸랐지만 부모님의 반대가 심하고 경제적 여건이 되지 않아 하지 못했습니다. 그러나 이미 학교에서는 아이들 사이에 '춤 잘 추고 노래 잘하는 아이'로 알려져 이중적인 생활을 했습니다.

한때는 춤과 노래가 인연이 아닌 것 같아 미용에서 길을 찾아보았지만 더더욱 춤과 노래가 생각났습니다. 예진이는 꿈을 키운 지 5년 만인 고등학교 2학년 때 어렵게 부모님의 허락을 받았습니다. 그런데 나이가 많아 걱정된다며 상담을 의뢰했습니다.

열정을 뿜어내려면
용기가 필요하다

긴 머리에 눈이 크고 손목에 얇은 줄을 두른 예진이를 만났습니다. 왠지 긍정의 에너지가 느껴지는 예진이를 보면서 열정은 언제든 삶의 방향을 정하는 엄청난 에너지임이 다시 한 번 느껴졌습니다. 예진이는 그동안 이 에너지를 다른 곳으로 소비한 것입니다.

요즘 연예인이 되고 싶어하는 아이들이 참 많습니다. 아이들은 불안정한 것을 이미 알고 시작했다며 실패해도 좋다고 당당하게 이야기하지만 걱정되는 것도 사실입니다. 아이들 재능을 미리 알아보는 마법이 있으면 좋겠다는 생각이 들곤 합니다.

예진이에게 이루고 싶은 꿈이 무엇인지 물었더니 기획사에 들어가고 싶다고 했습니다. 기획사에 들어가 성공한 자신을 표현해보라고 하니 생활이 모두 이쪽으로 맞춰져 있고 머릿속이 이걸로만 채워져 있다고 했습니다. 기획사에 들어가는 데 방해되는 것이 무엇이냐고 했더니 나이, 자신감, 욕심이라고 했습니다. 나이는 긍정적으로 생각하기로 했고, 자신감은 자신을 좀더 믿으며, 욕심은 모든 것을 다 할 수 없으니 포기할 줄도 알아야 한다고 했습니다.

꿈을 위해 해야 할 일을 좀더 구체적으로 물으니 연습을 더 많이 하고 다이어트를 해야 한다고 했습니다. 1년 후 일어날 일로는 이미 기획사에 들어가 있고 포기하지 않도록 정신력이 강해져 있을 것 같다고 했습니다. "역시 난 해낼 줄 알았어"라는 말을 하고 싶다고 했습니다.

기획사에 들어갔다고 가정하고 하루 일과를 상상해보자고 했습니다. 몇 년을 같이 지낼 동료들이 생기고, 잠도 많이 못 잘 정도로 스케줄이 빡빡하지만 너무 행복하다고 했습니다. 방송에 나오고, 공연이 일상이 되며, 내가 만들고 부르는 노래가 길에서 흘러나와 지나가는 사람들이 흥얼거린다고 했습니다.

예진이는 열아홉 살이 되기 전에 꼭 기획사에 들어가고 싶다고 했습니다. 기획사를 생각하면 어떤 느낌이 드느냐고 물으니 걱정이 된다고 했습니다. 그래서 그동안 살면서 걱정되었던 일에 대해 이야기했습니다. 집안 형편이 좋지 않은데 그걸 해결할 사람이 자기뿐인 것 같아서 많이 불안하고 부담되며 진짜 꿈을 이룰 수 있을지 걱정된다고 했습니다.

내면 깊숙한 곳에서
올라오는 것을 느껴보자

걱정에 대해 이야기를 나눈 뒤 걱정의 원인을 찾아보았습니다. 미래가 불확실해서 걱정한다고 하기에 해결책을 말해보자고 했습니다. 노력은 배신하지 않으니 끝까지 포기하지 않고 노력한다면 성공할 수 있을 것이며, 지금까지 이것만 보고 살아왔는데 이루지 못한다면 정말 견디지 못할 것 같다고 했습니다. 지금이 힘들어도 미래를 위해 참고 견뎌 앞으로 행복하게 살고 싶다고 했습니다.

예진이가 '걱정'의 반대는 '즐거움'이라고 하기에 즐거웠던 일에 대해 이야기를 나누었습니다. 자신이 '좋아하는 일'과 '잘할 수 있는 일'이 같으며, 고 1때 이것을 확실하게 느꼈다고 했습니다. 하고 싶은 것을 배울 수 있는 것도 행복한 일인데 재미있고 즐거운 일을 할 때는 의욕이 생긴다고 했습니다. 예진이가 성공했을 때 연예인이 되고 싶어하는 아이에게 조언을 해보라고 하자 어릴 때 실력이 부족해도 오디션을 많이 보면 좋겠고, 포기하지 말고 후회 없이 도전하면 좋겠다고 했습니다.

예진이는 상담을 마치면서 복잡했던 마음이 정리되었고, 이런 이야기를 밖으로 꺼내 할 수 있어서 뜻깊은 시간이었다고 소감을 말했습니다.

자신의 꿈을 좀더 견고하게 하려면 목표에 대한 이미지를 상상하는 것이 좋습니다. 잡지나 신문에서 꿈과 관련된 이미지를 골라 책상이나 노트에 붙여놓고 아침저녁으로 이 이미지를 마음에 담아 크게 외쳐봅니다. 어느 날 그 이미지 속에서 살고 있는 자신을 발견하게 될 것입니다.

solution
① 마음에 용기 공장을 차리는 방법이 있습니다.
② 평소 하고 싶었던 일이나 갖고 싶은 것의 이미지를 노트나 책상에 붙여놓습니다.
③ 어느 날 막막하고 도달하기 힘들어 보였던 일을 하고 있는 자신을 발견하게 될 것입니다.

오늘 힘들다면 자신과 마주하는
조용한 시간을 가져보자

·
·
·

아이들은 자해하기 전에 사전 신호를 보냅니다.
조심스럽게 다가가 아이의 처지가 되어 말문만 열게 해도
아이들은 논리적으로 설명할 수 없었던 두려움에서 벗어납니다.

중학교 3학년인 연진이는 초등학교 때까지 삼촌이었던 분이 어느 날 아빠가 되었고, 엄마라고 한 분은 사실 고모였습니다. 어린 연진이는 받아들이기 어려운 가족사 때문에 한동안 혼란스러운 상태로 지냈습니다. 배신감을 이기지 못한 연진이는 가끔 혼자 방문을 잠그고 손목에 칼을 댔습니다. 아팠지만 그러고 나면

좀 편안해졌습니다. 연진이의 손목에 파스가 붙어 있는 것을 본 담임 선생님의 의뢰로 연진이와 상담하게 되었습니다.

자신과 마주하는
특별한 시간을 내보자

키가 크고 호리호리하며 부끄러움을 잘 타는 연진이에게 취미가 무엇인지 물었더니 노래 부르기를 좋아한다고 했습니다. 선생님도 노래 부르기를 좋아한다면서 전인권의 〈걱정 말아요 그대〉를 기타를 치며 불러주었습니다. 이어 연진이에게 작은 통과 줄을 주며 이걸로 감사함을 표현해보라고 했습니다.

헛웃음을 웃으며 어떻게 하는지 모르겠다던 연진이가 통을 잡더니 그 안에 든 배신감을 줄이라는 감사함으로 감싸겠다고 했습니다. 연진이 행동에 더는 좌절하지 않겠다는 다짐이 들어 있었습니다. 그래서 하이파이브하며 멋지다고 말해주었습니다.

노래와 놀이를 마치고 자리에 앉은 얼굴에 엷은 미소가 보이는 연진이에게 자신과 마주하는 특별한 시간을 가져보자고 했습니다. 3가지 질문을 할 텐데 그것에 대해 공책에 편하게 쓰면 된다고 했습니다.

우선, 나를 격려하고 도와준 세 사람을 떠올리고 무슨 도움을 받았는지 쓰라며 15분 정도 시간을 주었습니다. 연진이는 볼펜을 연신 돌리다가 공책에 상담 선생님이라고 썼습니다. 슬프고 화나고 힘들 때 같이 울고 웃어준 친구 같은 선생님이라고 했습니다. 그리고 취미가 같아서 모였는데, 자기가 다른 사람들에게 누명을 썼을 때 도와주었다고 했습니다. 그다음은 오빠라고 했는데 오빠 덕분에 하루하루 지옥같이 느껴지고 숨 막히던 것이 뻥 뚫렸다고 했습니다. 밝은 모습으로 바뀔 수 있게 이야기를 들어주고 이해해주었다고 했습니다.

도움을 받은 것에서 공통점을 생각해보자고 했더니 남의 이야기를 잘 듣거나 이야기해주었고, 취미가 같았으며, 오빠는 자기와 같이 고독한 사람 같다고 했습니다.

이렇게 한참 이야기하고 나서 오늘 주제가 자신과 마주하기인데 느낌이 어떤지 물었습니다. 연진이는 감사한 사람들 덕분에 인생이라는 무거운 숙제를 잘해나가고 있음을 보았으며, 무섭다고 피하고 내 편이 없다고 피했는데 요즘은 맞서 싸운다고 했습니다. 앞으로도 다른 사람에게 친절을 베풀고 도와주어야 할 것 같다고 했습니다. 그리고 누가 뭐라고 하든 다신 굴복하지 않겠다고 다짐했습니다. 인생에서 발목을 잡은 사람은 '지나가는 바람'이라고 생각하고 놓아주겠다고도 했습니다.

사막을 건너
오아시스를 만나자

자기 손목을 긋는 자해가 아이들 사이에 유행처럼 번진다고 하는데, 그동안 자해 충동을 느끼는 아이들을 상담하면서 몇 가지 공통점을 발견했습니다. 대다수 아이가 가정불화로 어려움을 겪었으며, 허전한 마음을 이성 친구에게서 채우려고 했습니다. 시간이 지나면 이성 친구에 대한 애착으로 또 다른 갈등이 생겨 주변을 힘들게 하고 정신적인 어려움이 커졌습니다.

보통 자해를 하면 뇌에 일시적으로 도파민이 증가해 순간 쾌감을 느낀다고 합니다. 이런 무미건조하고 죽음의 계곡 같은 일시적 해방감은 결코 해결 방법이 아닙니다. 할 말도 없고 불편한 현실 자체로 모든 것이 허망했던 연진이에게도 매일매일 온갖 나쁜 생각이 슬금슬금 다가와 헤집고 나갔습니다.

그래도 절망이라는 사막을 건너 오아시스를 만나는 아이들이 있습니다. 뭔가 자신이 할 수 있는 것을 찾은 아이들입니다.

연진이에게 지금 떠오르는 사람이 누구인지 물었더니 주변 사람들인데 그들에게 배신당했다고 했습니다. 0이 평화로운 상태이고 10이 배신을 당해 화가 난 상태라면 어느 정도인지 물으니 8 정도 된다고 했습니다. 이 감정을 문장으로 만들었습니다. "나는 비록 주변 사람들이 나를 떠나가 배신감이 들지만 그럼에도 그런 나를 온전히 마음속 깊이 사랑합니다." 이렇게 쓴 뒤 눈을 감고 다섯 번 반복하게 했습니다.

이렇게 이야기한 다음, 느낌을 한 단어로 정리해보라고 했더니 '추억'이라고 했습니다. 가족같이 반겨주던 사람들, 슬프거나 힘들 때 같이 웃고 울어주던 지인들이 추억이라고 했습니다. 추억에 대해 좀더 구체적으로 듣고 싶다고 하니 전에 마녀사냥을 당해서 힘들 때마다 따뜻하게 반겨주던 사람들이 소중한 추억이라고 했습니다. 또 '카톡'이나 '밴드' 같은 동호인 모임에서 활동하게 되면 싸우는 일이 생기는데, 그때 믿어주고 같이 욕하고 울어준 지인들이 생각난다고 했습니다.

그동안 연진이는 학교에 자주 빠졌는데, 힘들 때마다 어른들이 말하는 '잉여'라는 존재가 되는 건 아닌지 불안했다고 했습니다. 그러나 여러 가지 경험을 하는 과정에서 좋은 사람도, 이상한 사람도 만나면서 조금씩 성장한다는 것을 느꼈다고 했습니다. 이런 자신이 자랑스럽고 대견하다고 했습니다. 앞으로는 힘든 일이 생겨도 오히려 자신을 강하게 성장시키며 굴복하지 않겠다고 했습니다.

연진이는 상담을 마치면서도 이런 자기가 행복하고 좋다고 했습니다. 그리고 안 좋았던 기억도 행복하게 바뀔 수 있다는 것을 알게 되었다고 했습니다.

아이들은 보이지 않는 허망함과 싸우지만 매번 집니다. 세상에 대한 믿음을 잃어버렸기 때문입니다. 희망의 신호를 찾아보려고 발버둥쳐보지만 모든 것이 점점 메말라갈 뿐입니다.

아이들이 자해를 시도하기 전 징후는 조금만 관심을 가지면 알 수 있습니다. 감정적인 부분에서는 무기력해하고 아무것도 소용없다고 느낍니다. 일상 행동에서는 불면증을 호소하고 급식을 거부합니다. 직접적인 자해 행동으로는 손목에 자해한 흔적이 있거나 친구에게 날을 잡았다고 고백하는 등으로 사전 신호를 보냅니다. 이런 신호의 더 강한 메시지는 도와달라는 것입니다. 조심스럽게 다가가 아이의 처지가 되어 말문만 열게 해도 아이들은 논리적으로 설명할 수 없었던 두려움에서 벗어납니다.

solution

❶ 자기를 사랑한다는 것은 자신을 있는 그대로 보는 것입니다.

❷ 있는 그대로 보려면 자신 안에 있는 불편한 모습을 인정해야 하는 어려움이 따릅니다.

❸ 자신의 콤플렉스, 분노 등을 인정하는 것에 수치심과 두려움이 따르지만 이것이 자신에게 너그러워지는 최선의 방법입니다.

행복하고 자랑스러웠던 경험을 있는 그대로 써봅니다.

이 연습은 절망 속에서도, 길을 잃어버린 날에도

다시 살아야 할 목적을 되살려주고 자신감을 강화시키는 효과가 있습니다.

감정 기복이 심할 때 이렇게 하면 도움이 된다

마음이 열려야 공부 머리가 작동한다

꿈이 없어도 괜찮아. 지금 이대로도 참 예뻐

거친 행동 뒤에 숨어 있는 것은 사랑받고 싶은 마음이다

변화를 원한다면 용기부터 내보자

아이에게 올바로 선택하는 방법을 알려주자

도망가면 어떤 일도 해결되지 않는다

3장

괜찮아, 괜찮아!
넌 그대로도 정말 괜찮아

감정 기복이 심할 때
이렇게 하면 도움이 된다

．
．
．

감정 표현이 자유로워지면
다른 사람의 시선이 가볍게 느껴집니다.
명희가 앞으로는 자기 자신에게 덜 가혹하면 좋겠습니다.

명희 부모님은 다리가 불편합니다. 명희는 엄마, 아빠와 같이 다닐 때 사람들이 쳐다보고 동정하는 듯한 시선이 싫고, 선생님들도 불쌍하다는 듯 보면서도 무시하는 시선을 보내는 데 화가 났습니다. 명희는 중학교에 올라와서는 사춘기와 맞물려 감정 기복이 점점 더 심해졌습니다. 학교에서는 선생님에게 대들거나 친구를 때리고, 자신에게는 자해로 감정을 표출했습니다.

언제부터인가 명희는 화가 나면 머리가 아팠습니다. 이때 폭력을 사용하든지 나쁜 짓을 하지 않으면 머리가 계속 아팠습니다. 명희는 학교에서 담배를 피우다가 걸린 뒤 등교를 거부한다며 부모님에게서 긴급 상담요청을 받아 만나게 되었습니다.

미리 역할을 연습해보면
상대방을 이해할 수 있다

상담하기로 약속한 날 명희가 친구들과 싸워 교내봉사를 하느라 못 만나고 그로부터 몇 주 뒤 만났습니다. 4월 초 어느 날 흰색 운동화를 신고 회색 운동복을 입은 명희가 불쑥 교장실로 들어왔습니다. "누구지?" 하고 물으니 "명희예요"라고 대답했습니다.

선생님들과 마찰이 생겨 학교생활을 힘들어하는 명희와 '동전 없다운' 놀이를 했습니다. 손바닥에 숨겨놓은 동전을 찾는 놀이인데 어색해했지만 잘 따라 하면서 표정이 한층 밝아졌습니다. 이어서 감정 표현 역할 연습을 하자고 했습니다.

선생님이 주로 하는 말이 뭐냐고 물으니 열심히 하라고 한다고 했습니다. 그럼 이제부터 기분 나빠하지 말고 어떻게 대답할지 문장을 만들어 연습해보자고 했습니다. 명희는 한참 생각하더니 "충고해주셔서 감사합니다" "사실 제가 어제 역사 공부를 하다가 잤어요" "이번에는 역사 점수를 90점 맞겠습니다"라고 대들지 않고 대답하겠다고 했습니다.

담임 선생님과 명희 역할을 바꿔 실제처럼 여러 번 연습했습니다. 명희는 재미있는지 역할을 바꾸어도 어색함 없이 잘 받아들이며 연습했습니다. 학교에서 그런 상황이 오면 잘해보라고 격려하고, 성공하면 선생님에게 성공 하트 문자를 보내라고 강조했더니 알겠다고 했습니다.

명희에게 오늘 나눈 이야기 중 선생님과 좀더 깊이 이야기하고 싶은 것을 선택해보라고 하니 '감정 기복 문제'라고 했습니다. 종이에 원을 그리고 원 안에 '감정 기복'이라고 썼습니다. 그리고 0은 평화로운 상태이고 10은 감정이 폭발한 상태라고 한다면, 지금 어느 정도 수치인지 물으니 망설임 없이 10이라고 했습니다. 수치가 10이 되게 한 일이 무엇이냐고 물으니 '폭행'과 '자해'라고 하기에 좀더 구체적으로 써보라고 했습니다.

명희에게 이루고 싶은 감정 수치는 몇이냐고 물으니 2라고 했습니다. 여기서 2는 '이성적인 판단이 가능하고' '실천 가능한 상태'라고 했습니다. 그리고 스트레스를 적당한 선에서 잘 풀어내고 다른 사람들에게 '만만히 보이지 않을 정도'라고 했습니다.

놀이는 아이들에게
유산소 운동이다

마음이 열렸는지 편안하게 말하는 명희에게 어릴 때 화났던 일을 물었습니다. 초등학교 때 아빠가 일 때문에 한 달에 한 번 집에 올 때 슬펐고 부모님이 다리가 불편해서 같이 놀지 못하는 것도 슬프고 화가 났다고 했습니다. 초등학교 5학년 때 공부 때문에 담임 선생님과 자주 싸워 화가 났던 기억이 난다고 했습니다.

이렇게 화에 대해 대화한 뒤 주로 어떤 상황에서 화가 나는지 생각해보자고 했더니, 명희는 대개 '어른들과 충돌'할 때라고 했습니다. 어른들이 자기를 억압하려고 한다면서 자신은 감정 기복이 심하다고 했습니다.

명희에게 이성적으로 판단하는 데 가장 큰 장애물이 무엇인지 물으니 '시선'과 '두통'이라고 했습니다. 사람에게는 코르티솔(cortisol)이라는 스트레스 호르몬이 있는데 이 호르몬은 스트레스에 대항하며 몸 전체에 새로운 에너지, 즉 혈액을 보내지만 감당하기 힘든 스트레스가 오면 두통과 우울을 유발합니다. 명희가 부모님의 장애에서 오는 정신적 스트레스를 받아들이는 과정에서 머리가 아팠던 것 같습니다.

장애물을 극복하기 위해 해야 일로 주변 어른들에게 잘 보이거나 세상에서 재능을 인정받아야 한다고 했습니다. 좀더 구체적으로 어떻게 해야 할지 생각해보자고 하니 어른들이 물으면 목소리 톤이나 얼굴 표정을 밝게 하고 성적을 올리겠다고 했습니다. 평균 75점을 만들기 위해 수학, 과학을 자기 전에 1시간씩 공부하고, 주말에는 3시간씩 공부하겠다고 했습니다. 오늘부터 당장 8시에 집에 들어가 씻고 9시에 노래를 들으면서 공부하겠다고 약속했습니다.

상담을 마치면서 명희는 솔직하게 이야기하니 기분이 나아졌으며, 화내지 않고 말하는 방법을 배워서 좋았다고 했습니다. 그리고 이번 중간고사가 일주일 남았지만 포기하지 않고 부족한 부분을 공부하겠다고 했습니다.

명희는 놀이와 역할극을 하면서 자기 이야기를 솔직하게 표현하고 감정이나 생각을 부드럽게 대하기 시작했습니다. 나는 그동안 감정을 조절하지 못하고 욱하는 아이들과 팔씨름 같은 모험놀이를 했습니다. 아이들에게 놀이와 솔직한 대화는 유산소 운동과 같이 즐거운 기분이 들게 해줍니다. 감정 표현이 자유로워지면 다른 사람의 시선이 가벼워집니다. 명희가 자신에게 덜 가혹하게 대하면 좋겠습니다.

자주 기분이 나빠져 삶이 고통스럽고 힘들 때 의식적으로 생각을 바꿔 행복하게 만드는 방법을 소개합니다. 가벼운 산책을 한 뒤 따뜻한 물로 샤워를 합니다. 그런 다음 피자 먹기, 강아지와 산책하기 등 자신을 행복하게 만드는 것 10가지를 떠올려 목록을 만들어놓습니다. 그리고 불행한 느낌으로 화가 올라올 때 행복 목록을 보고 한 가지씩 실천해봅니다. 그렇게 하면 행복은 느끼는 것뿐만 아니라 단순하게 선택할 수 있음을 알게 될 것입니다.

solution
① 행복은 현재 기분 상태입니다. 지금 이 순간을 어떻게 보느냐에 달려 있습니다.
② 내가 행복해지는 것 10가지를 적어 주머니에 넣어두고 자주 꺼내봅니다.
③ 이 활동은 다른 사람의 시선을 멀리 떨어뜨려놓을 수 있는 아주 좋은 행복 비타민을 가지고 다니는 것과 같습니다.

마음이 열려야
공부 머리가 작동한다

. . .

아이들의 다양한 재능을 무시하고 공부 재능만 강조해서
중학교 때부터 좌절감을 느끼게 해서는 안 됩니다.
아이들 마음이 다치지 않도록 격려해주는 대화 파트너가 되어야 합니다.

고등학교 1학년인 광호가 매일 게임만 한다며 걱정하던 광호 엄마가 상담을 의뢰했습니다. 광호는 중학교 때 성적이 하위권이었고 시험공부도 시험 전날만 잠깐 했습니다. 잘 모르는 데도 창피해서 질문하지 않고 불편한 마음으로 다른 친구들과 똑같이 학원을 다니다가 어느 날부터는 학원에 간다고 하고는 동네 피시방으로 향했습니다. 광호는 공부를 잘하고 싶었지만 따라갈 수 없었고, 친구들보다 잘할 수 있는 것이 게임밖에 없어서 게임을 더 열심히 했습니다.

아이들에게 배움은
낯선 것과 만나는 일이다

교복을 단정하게 입은 광호가 상담실로 들어왔습니다. 아침을 먹었다는 광호에게 무슨 반찬과 먹었는지 물으니 굴비하고 먹었다고 했습니다. "아니 그 비싼 굴비를 아침부터 먹었어?" 하고 농담을 던졌습니다. 삼촌이 보내주었는데 아빠 고향이 영광 쪽이라고 했습니다. 광호는 묻는 말에 짧기는 했지만 대답을 잘했습니다.

상담 테이블로 자리를 옮겨 풍선을 주고는 선생님 머리 크기 정도로 불어 끝을 묶으라고 했습니다. 광호가 풍선을 작게 불었기에 선생님 머리가 조금 큰 것 같다며 더 크게 불어보라고 했습니다. 광호는 동그란 풍선을 만지작거리기만 하고 풍선 끝을 묶지 못했습니다. "선생님, 못 묶겠어요." 광호가 작은 소리로 말했습니다.

다른 때 같았으면 풍선을 받아 묶어주었겠지만 '고등학생이 풍선도 못 묶어'라는 생각이 들기도 해서 "그래, 선생님 하는 것 보고 따라서 묶어볼래?" 하고는 천천히 풍선 끝을 묶는 것을 보여주었습니다. 처음에 묶는 것을 보는 둥 마는 둥하다가 혼자 끙끙대며 묶으려고 했지만 10분이 지나도 묶지 못했습니다.

다시 한 번 보여주기로 하고 이번에는 왼손 집게손가락으로 풍선 목을 감고 아주 구체적으로 손가락 움직임을 보여주면서 풍선 끝을 넣었습니다. 광호는 그래도 묶지 못했는데 마지막 부분에서 어려워했습니다. 이번에는 선생님에게 설명하면서 해보자고 했는데 얼떨결에 풍선 끝이 묶였습니다. 그래서 풍선을 하나 더 주었더니 3분 정도 지나자 풍선을 묶었습니다. 다시 하나 더 주고 묶어보라고 하자 보란 듯이 바로 풍선 끝을 묶은 광호 얼굴이 환해졌습니다.

광호와 풍선 끝을 같이 묶으면서 많은 생각이 교차했습니다. 아이들에게 꼼꼼히 세 번 이상 반복해서 가르쳐주었는지, 또 이해했고 아는지 확인해본 적이 있는지 자문했습니다. 그동안 공부를 뭔가에 쫓기듯이 가르치고, 다른 사람과 비교하며 은연중에 경쟁의 틀에 가두고 불편하게 하지 않았는지 반성했습니다. 사실 아이들 처지에서 보면 수업시간마다 낯선 것과 만나는 것입니다.

뭔가를 새롭게 배울 때 마음을 편하게 해주어야 하는데 그러질 못했습니다. 좀 늦는다고 해서 답을 제시하고 도와주었습니다. 시간이 없다고 채근해 오히려 더 긴장하게 만들었습니다. 이런 비인간적인 행동이 아이들이 배우고자 하는 마음을 닫게 하고 생각하는 능력까지 잃어버리게 한 것입니다.

내가 바라는 것을 했을 때 가장 행복하다

광호가 묶은 풍선으로 풍선치기 놀이를 했습니다. 풍선을 한 손가락으로 상대방과 번갈아 치면서 땅에 떨어지지 않게 하는 것입니다. 처음에는 10번을 목표로 해서 성공한 뒤 풍선 두 개로도 10번 번갈아 치기를 성공했습니다.

광호에게 지금 기분이 어떠냐고 하니 할 줄 몰랐던 걸 할 수 있게 되어서 기분이 좋다고 했습니다. 어릴 때 풍선껌으로 풍선을 불었을 때 처음 성취감을 느꼈다고 했습니다. 기분이 좋아진 광호와 '기분이 좋았던 기억'으로 과거 여행을 떠났습니다. 유치원 다닐 때 가족끼리 찜질방에 갔던 일, 학교 가기 싫었던 날 정말로 가지 않았던 일, 친구들에게 게임으로 인정받았던 일이 좋았다고 했습니다.

'기분이 좋다'의 반대를 물으니 '슬프다'라고 하기에 슬픈 기억에 대해 이야기를 나누었습니다. 형과 싸웠을 때, 중1 때 친구가 없어서 한 달 동안 혼자 다녔을 때, 진로 때문에 고민할 때라고 했습니다. 슬픔의 공통적 요소는 '창피하거나 미안할 때'라고 했습니다. 그러면서 앞으로는 잘 안 되더라도 후회하지 않았으면 좋겠다고 했습니다.

광호와 이야기를 마치고 주로 언제 기분이 좋은지 물으니 바라는 것이 이루어졌을 때 기분이 좋았다고 했습니다. 학창 시절의 배움은 성취감을 갖게 해주는 과정입니다. 모두 학자처럼 공부를 잘할 수는 없습니다.

공부도 재능이라는 글을 본 적이 있습니다. 아이들의 다양한 재능을 무시하고 공부 재능만 강조해서 아이들에게 중학교 때부터 좌절감을 갖게 해서는 안 됩니다. 공부를 못한다고 잔소리하거나 비난하지 않아야 좌절하지 않습니다. 또 마음까지 다치지 않도록 격려해주는 대화 파트너가 되어야 합니다.

공부로 상처 입은 아이 속으로 단숨에 뛰어 들어가는 방법을 소개합니다. 풍선과 포스트잇을 준비합니다. 포스트잇에 지금 내가 어떤 상태이고 어떤 생각을 하는지 간단히 적어 풍선에 넣고 풍선을 불어 끝을 묶습니다. 풍선을 손가락으로 번갈아가면서 치는 놀이를 목표를 정해서 해봅니다. 목표에 도달하면 풍선을 터뜨려 그 안에 있는 내용을 읽다보면 상처 입은 자신을 잊고 새로운 자신을 발견하게 될 것입니다.

solution

① 오늘은 큰맘 먹고 놀이를 해봅니다.
② 풍선 몇 개를 불어 우리 가족이 풍선을 땅에 떨어뜨리지 않고 몇 번 치는지 같이 도전 목표를 세우고 시도해봅니다. 풍선 안에 꿈을 적어 넣으면 더 재미있습니다.
③ 놀이에는 많은 것을 가능하게 하는 신기한 능력이 있으며 서로 이해할 수 있는 기회를 아프지 않게 소화하게 해줍니다.

꿈이 없어도 괜찮아, 지금 이대로도 참 예뻐

.
.
.

자기 전에 조용히 편안한 마음으로
필요하고 하고 싶은 문제를 생각해본 다음
아침에 일어나 그 주제에 대해 써보기 바랍니다.
쓰다보면 자신이 생각하지 못했던 안내를 받게 될 것입니다.

중학교 2학년인 지수는 초등학교 시절 친구들에게서 따돌림을 당해 힘들었을 때 권투를 배운 것이 위안이 되었는데 중학교에 올라오면서 친구 문제로 걱정이 많았습니다. 다행히 게임 덕분에 친구들을 사귀게 되어 학교에 오는 것이 즐거워졌습니다. 친구들과 게임 챔프 이야기를 할 때 너무 행복했습니다. 게임이 지수에게 구세주가 된 것입니다. 지수는 다행히 인터넷 자가 진단 척도에서도 일반군으로 조사되었습니다.

성공이 보장된다면
하고 싶은 일을 생각해보자

지수가 입은 후드티에 감색 운동복 바지가 지수에게 잘 어울렸습니다. 신경 써서 차려 입은 모습인데 얼굴은 긴장했는지 좀 굳어 있었습니다. "아침 먹었니?" 하고 물으니 안 먹었다고 하기에 초코과자를 주었는데 손에 들고만 있었습니다.

지수에게 꿈을 물으니 없다고 하기에 성공이 보장된다면 하고 싶은 일을 물으니까 BJ를 하고 싶다고 했습니다. BJ는 인터넷으로 개인 방송을 하는 것이라고 했습니다.

평소 고쳤으면 하는 습관은 손톱을 물어뜯는 것이고, 또 아침에 알람소리를 듣고도 계속 자는 것, 공부를 귀찮아하는 것을 고치고 싶다고 했습니다. 손톱을 물어뜯는 습관은 그런 상황이 오면 지우개 같은 것을 만지는 것으로 고쳐보겠다고 했습니다.

이런 나쁜 습관이 고쳐지면 어떻게 될 것 같은지 물으니 지금보다 더 웃고 가족관계가 좋아질 거라고 했습니다. 또 친구들과 관계도 좋아질 테고 앞으로 더 당당해질 것 같다고 했습니다.

공부에 관심이 많은 지수에게 살짝 성적을 물으니 수학과 영어가 85점 이상인데 수학은 학원에서 열심히 공부한다면서 지난번 중간고사에서는 공부도 열심히 하고 게임도 줄였다고 자랑했습니다.

지수와 팔씨름을 했는데 손을 잡아보니 오른손 힘이 엄청 강했습니다. 빨개진 얼굴을 보며 "운동했니?" 하고 물으니까 초등학교 4학년 때부터 6학년 때까지 복싱을 했다고 대답했습니다. "싸움 잘하겠네" 하니 싸우려고 배운 것이 아니라고 차분한 목소리로 마치 운동의 고수처럼 이야기했습니다.

복싱이 지수에게 어떤 의미냐고 하니 복싱은 '나를 변화시키는 역할'을 했다고 했습니다. 성격이 활발해져서 정신적으로나 신체적으로 건강해졌다고 했습니다. 특히 남이 자신에 대해서 말하는 것을 신경 쓰지 않게 되어 마음이 편해졌다고 했습니다. 이렇게 복싱에 대한 느낌은 '상쾌하다'고 정의를 내렸습니다.

이어서 상쾌하고 좋았던 적에 대해 이야기를 나누었는데 수학 시험 점수를 95점 받았을 때 좋았다고 했습니다. 어떻게 해서 그렇게 잘 보았는지 비결을 물으니 기출문제를 반복해서 풀었다고 했습니다. 그래서 그런지 시험 볼 때 긴장되었으나 시원한 느낌을 받았다고 했습니다. 그리고 미국 삼촌 집에 갔을 때와 동생이

태어났을 때도 좋았다고 했습니다.

'상쾌하다'의 반대는 '답답하다'와 '싫다'라고 했습니다. 답답했던 때는 '시험기간'이라고 했습니다. 선생님들 기대에 못 미칠까봐 긴장된다고 했습니다. 또 무엇인가 하려고 할 때 듣는 엄마 잔소리에 화가 난다고 했습니다. 심부름을 잘하려고 마음먹었는데 꼭 그때 엄마가 잔소리를 해서 싫다고 했습니다. 그러면서 앞으로 잘하려고 지금부터 더 노력하겠다고 했습니다.

이렇게 이야기를 하고 난 후 느낌을 물으니 좋은 느낌은 그대로 유지하고 안 좋은 느낌은 좋은 느낌으로 고쳐야겠다고 했습니다. 지수에게 언제 좋은 느낌이 들었느냐고 하니 스스로 기부를 1만 원 한 적이 있다고 했습니다. 그리고 지금 같이 다니는 친구들을 만난 것, 돈을 주웠는데 경찰서에 가서 돌려준 것, 복싱을 배운 것이 좋은 것이라고 했습니다.

코 막힐 때 코가 뚫린 것처럼
시원한 것을 찾아보자

지수는 상담을 마치면서 자신을 돌아보게 되어 후회하지 않을 시간이었다고 했습니다. 목표를 정하면서 스스로 바꿀 수 있는 것 같아 좋았다고 했습니다. 나쁜 습관을 파악했고 그것을 고칠 수 있을 것 같아 기대된다며 마치 자고 일어나 코가 막힐 때 코가 뚫린 것처럼 시원하다고 했습니다.

지수가 그동안 게임 수업을 하면서 느낀 점이 아이들 마음을 이해하는 데 도움이 되었으면 좋겠습니다. 지수에게 게임이 잘될 때 드는 기분과 안 될 때 드는 기분을 물었더니 게임이 잘될 때는 당연히 기분이 좋아지고 게임이 더 재미있어진다고 했습니다. 게임이 잘 안 되면 말이 없어지고 조금 재미없어지지만 역전할 수 있는 각이 나오면 그때는 흥미롭다고 했습니다. 그리고 게임이 미치는 영향은 친구들과 더욱 친해질 수 있는 매개체라고 생각한다고 했습니다.

지수는 다섯 명이 협동하며 해결하는 롤(LOL)게임의 특성을 아주 효과적으로 사용했습니다. 게임으로 인간관계의 미묘한 부정적 그림자를 치우고 새로운 우정을 만들었으며 힘든 학교생활에서 새로운 통로를 찾은 것입니다. 그러면서 공부에 욕심이 많은 지수가 학습에 더 집중할 수 있는 기회로 연결되었습니다. 지수는 하루에 공부해야 할 양과 게임의 양을 스스로 정해 잘 지켰습니다. 지수를 만나 이야기하면서 게임의 쓰임에 대한 고정관념에서 해방되었습니다.

자신의 한계를 스스로 그어놓고 삶을 위축시키고 있다면 다음과 같은 방법으로 가능성을 회복해보기 바랍니다. 자기 전에 조용히 편안한 마음으로 필요하고 하고 싶은 문제를 생각해봅니다. 그런 다음 아침에 일어나 그 주제에 대해 써보기 바랍니다. 쓰다보면 자신이 생각지 못했던 안내를 받게 될 것입니다.

solution

❶ 왠지 막연하고 하고 싶은 일이 없다고 해서 자신을 포기하면 절대로 안 됩니다.

❷ 성공이 보장된다고 가정하고 무슨 일이 하고 싶은지 스스로에게 묻고 5가지를 써봅니다.

❸ 조용한 곳에서 자신이 정말 하고 싶은 것 하나를 5가지 중에서 골라 이번 주에 실행해봅니다. 이것은 멋진 세계로 곧장 뛰어 들어가는 연습을 하는 것입니다.

거친 행동 뒤에 숨어 있는 것은
사랑받고 싶은 마음이다

·
·
·

마음을 깊이 있게 치유하는 방법으로 꿈을 갖는 것이 도움이 됩니다.
자신의 이상적인 꿈을 마음껏 상상해보고 그것을 글로 적어서
보이는 모든 곳에 진심을 담아 붙여보기 바랍니다.

성일이는 특성화고에 다니는데, 담임 선생님이 아이만 보면 화
가 난다며 상담을 의뢰했습니다. 성일이가 학교에서 하지 않아
야 할 것만 골라서 한다며 이제 자기가 할 수 있는 일은 없는 것
같다고 어려움을 호소했습니다. 성일이는 세 살 때 부모님이 이
혼해서 아빠와 살고 있습니다. 엄마 집에는 중학생 때 자주 가서

자고 왔기에 엄마에 대한 그리움은 없다고 애써 강조했습니다. 성일이는 지금은 아빠와 사이가 좋아졌지만 중학교 때까지는 아빠와 사이가 좋지 않아 자주 싸웠다고 했습니다.

아이들의 거친 행동 뒤에 있는
사랑받고 싶다는 말을 들어야 한다

목요일 오후 성일이가 교장실로 찾아왔습니다. 짧은 머리에 흰 반바지를 입은 성일이는 코가 오뚝하고 얼굴이 희며 아주 잘생겼습니다. 마주 앉은 성일이에게 물과 커피 중 무엇을 마실지 물어보니 물을 달라고 했습니다. 물을 마시기를 기다려 손을 내밀어 팔씨름을 했습니다. 어색해하면서도 팔에 힘을 주며 입가에 미소를 지었습니다.

상담 테이블로 자리를 옮겨 '과거' 하면 무슨 생각이 떠오르는지 물었습니다. 집에서 물건을 부순 일이 생각난다고 했습니다. 집에서 친구들이랑 탱탱볼로 모기장을 뚫고 전구를 깨뜨릴 때 기분이 매우 좋았다고 했습니다. 선생님들에게 대들었던 생각도 나는데 선생님들이 자신을 인정해주지 않아서 자주 다투었다고 했습니다.

담배 피우다 걸린 일도 생각나는데 고등학교 1학년 때 친구들이랑 담배를 즐기다 그것이 일상이 되어서 자주 걸렸다고 했습니다. 그 일로 자주 학교에 불려 오시는 아빠에게 정말 죄송했다고 했습니다.

담배는 친구들이 피우러 가면 자기도 피우고 싶어져서 친구들이 가자고 하면 거절하지 못했는데, 담배를 피울 때는 기분이 좋아진다고 했습니다. 앞으로는 이런 상황이 오면 피우고 싶어도 절대 따라가지 않고 참고 기다렸다가 학교가 끝난 뒤 피우겠다고 했습니다.

성일이의 꿈은 헤어 디자이너가 되는 것이라고 했습니다. 강남에서 일해서 돈을 어느 정도 벌면 사장이 될 텐데, 미용실은 꼭 강남에 차리고 싶으며 반드시 세계에서 제일 유명한 헤어 디자이너가 되겠다고 했습니다. 꿈을 이루기 위한 구체적인 행동 계획을 세워보았습니다. 먼저 학원에 다니면서 5개월 안에 자격증을 따고 부족한 부분은 대학에 진학해서 더 공부하고 싶다고 했습니다. 군대에 갔다 와서는 취업할 것이라고 했습니다.

꿈을 이루는 데 장애물이 무엇인지 물었더니 의지가 부족하다고 했습니다. 담배도 문제인데 담배는 늘 끊겠다고 말만 하지 의지가 없어서 못 끊고 있지만 진짜 담배를 끊도록 끈기를 가지고 노력하겠다고 했습니다.

심리적 문제를 해결하는 최고의 약은
자신을 잘 보살피는 것이다

거칠어 보이고 힘들어하는 아이들의 심리적 문제를 해결하는 방법으로 지금의 자신을 잘 보살피는 일이 중요합니다. 그러려면 솔직하게 내면에 깊이 닿을 수 있는 기회를 주는 것이 도움이 됩니다. '관찰자로서의 나'로 바라보는 것입니다.

성일이에게 상담이 끝날 즈음에 어떤 사람이 되고 싶은지 '나는 ○○이다' 안에 단어를 넣어보라고 했습니다. 성일이는 "나는 자랑스러운 사람이다. 나는 행복한 사람이다. 나는 나 자신을 사랑한다. 나는 안정적이다. 나는 긍정적으로 생각하는 사람이다"라고 썼습니다.

성일이는 전에 옆집 아저씨가 하는 것을 보고 재미있어 요리도 해보았는데 막상 해보니 자신과는 거리가 먼 것 같아서 찾은 꿈이 헤어 디자이너이며, 다른 사람들한테 서비스를 제공해보고 싶다고 했습니다. 2~3년 배워서 디자이너라는 타이틀을 달면 다른 사람 머리를 만져줄 수 있다고 합니다. 손님이 자기가 해준 머리에 만족하는 모습을 보고 싶다고 했습니다.

상담을 마칠 즈음 많은 것을 배웠으며, 앞으로 무엇을 하든 끈기 없이 하면 안 되고 의지 있게 하고 싶다고 했습니다. 흡연 문제는 보건소에 금연침을 신청해 일주일간 보건소를 다녀보겠다고 했습니다. 그리고 소변검사도 하고 약도 먹으면서 금연을 실천하겠다고 다짐했습니다.

심리학에서는 어린 시절 부모와 편안한 애착관계를 맺지 못하면 자라면서 다른 사람과 관계를 맺는 데 어려움을 겪는다고 합니다. 다른 사람과 친해지고 싶지만 말을 건네지 못하고, 서운한 감정을 느끼는데도 밖으로 표출하는 데 어려움이 있다고 합니다. 성일이는 그동안 사랑받고 싶은 욕구를 다른 사람은 생각하지 못하는 서툰 방법으로 표현해서 문제를 일으킨 것입니다.

마음을 깊이 있게 치유하는 방법으로 꿈을 갖는 것이 도움이 됩니다. 꿈은 상상할 수 없었던 어려운 마음을 상상할 수 있게 도와줍니다. 꿈을 마음껏 상상해보고 글로 적어서 보이는 모든 곳에 진심을 담아 붙이기 바랍니다. 이 작업에는 과거를 인정하고 받아들이는 용기가 필요합니다.

solution
❶ 자기를 보는 것은 불편한 마음을 알아차리는 것으로 시작합니다.
❷ 자기 행동 너머의 메시지에도 귀를 기울여야 합니다.
❸ 그런 다음 무엇을 하고 싶은지, 지금 내가 어떤 상태인지 있는 그대로 써봅니다. 멈추지 말고 바로 써봅니다. 이 용기가 내 삶의 또 다른 시작점이 될 수 있습니다.

변화를 원한다면
용기부터 내보자

.
.
.

누구나 용기 있고 싶어하지만 어떻게 용기를 내야 하는지 모릅니다.
용기는 선택의 문제로 먼저 해야 할 일이 있습니다.
지금까지 힘들어 떨쳐내지 못했던 상처를 드러내어 인정해야 합니다.

현오는 초등학교 때부터 중학교 2학년 때까지 학원만 다녔지 친구들과 같이 논 추억은 없습니다. 중학교 3학년 때 정말 마음이 잘 맞는 친구들을 만나 놀기만 하다보니 공부를 멀리하게 되었고 성적은 바닥이었습니다.

고등학교에 진학하면서 친구들과 떨어져 힘들었던 현오는 부모님을 졸라 친구들이 있는 고등학교로 전학을 갔습니다. 거기에서 새로운 친구들을 만나 즐겁게 보냈지만 공부는 점점 더 멀리했습니다. 2학년 때는 가장 친한 친구와 같은 반이 되어 신나게 놀았습니다. 3학년에 올라와서는 진로 때문에 스트레스를 많이 받았습니다.

잘못된 습관이
인생을 힘들게 살게 한다

눈가에 웃음이 가득한 표정으로 교장실을 자주 찾던 현오가 하루는 대학에 가고 싶다며 진지한 표정으로 상담실을 찾았습니다. 현오가 학생회에 참여해 책임감을 가지고 활동하기는 했어도 공부보다 놀기에 더 관심이 많아 대학 진학을 포기한 것으로 알고 있었는데 왜 갑자기 생각이 바뀌었는지 이유를 물었습니다. 사실 그동안은 하고 싶은 것이 없었는데 패션과 미술이 재미있어 대학에 가서 공부하고 싶어졌다고 했습니다.

현오에게 자신이 어떤 사람인 것 같은지 물었습니다. 친구들을 소중하게 생각하는 사람, 공부와 담을 쌓고 놀았지만 다양한 경험으로 많은 것을 배우는 좋은 사람이고 또 행복한 사람이라고 했습니다.

　사람이 쉽게 변한다고 하지만 바꾸기 어려운 것이 습관입니다. 그래서 현오에게 작은 원을 그리고 그 안에 '과거를 떠내보내며'라고 쓰고는 삶을 되돌아보게 한 뒤 어떤 생각이 드는지 물었습니다. 제대로 하는 것도 없었는데 패션을 배우고 미술을 하면서 즐겁고 그것이 성과를 얻으면서 성취감을 갖게 된 것 같다고 했습니다.

　현오에게 꿈을 물으니 4년제 미술대학에 들어가는 것이라고 했습니다. 꿈을 이루는 데 장애물은 '게으름'이라고 했습니다. 해결책으로 처음에는 조금씩이라도 매일 공부하는 습관을 들이겠다고 했습니다. 컴퓨터와 휴대전화는 인강 외에 다른 용도로는 사용하지 않겠다고 했습니다. 방과 후 미술학원에 다니고 10시 넘어서는 영어 인강을 듣고 단어를 외운 후 자겠다고 했습니다.

인생에는 재능보다 용기가 더 중요하다

현오가 상담하면서 '하고 싶은 것이 생겼다'는 말을 반복할 때마다 마치 신인가수 라이브 공연같이 순수하고 강렬했습니다.

118

19년을 살아오면서 처음으로 공부하며 즐거웠고 옷을 만드는 과정은 힘들었지만 결과물이 나왔을 때 너무 멋있어서 또 하고 싶고 재미있다고 했습니다.

지금 아주 강렬해 보이는 현오의 용기는 사실 어린 묘목과 같아서 꾸준히 정성스럽게 영양분을 공급해주어야 합니다. 아이들에게 필요한 영양분은 '지금해서 되겠어?'라며 싹을 자르는 냉정한 충고가 아니라 '격려'입니다.

행복하게 사는 데 필요한 것이 얼핏 보기에는 재능과 열정인 것 같지만, 사실 새로 시도할 때 느껴지는 불안과 두려움을 조장하는 내면의 비판자를 떨쳐내는 용기가 더 중요합니다.

현오는 상담을 마치면서 오늘 이야기했던 내용을 다시 짚어보며 중 2 때부터 쌓인 습관을 다 보내고 꿈을 이루기 위해 노력하겠다고 다짐했습니다. 현오의 변화된 모습을 보면서 자기 재능을 찾는 일에는 절대 늦은 때라는 것은 없다는 것을 다시 한 번 경험했습니다. 마치 9회 말 투 아웃에 타석에 들어선 타자가 만루 홈런을 칠 것 같다는 느낌도 들었습니다.

누구나 용기를 갖고 싶어하지만 어떻게 용기를 내야 하는지 방법을 모릅니다. 용기는 선택의 문제로 먼저 해야 할 일이 있습니다. 지금까지 힘들어 떨쳐내지 못했던 상처를 드러내 인정해야 합니다. 보통 힘들고 고통이 수반되어 이것을 생략하고 싶어하지만 이 과정 없이는 새로운 용기를 낼 수 없습니다. 다음 질문은 상처를 드러내어 받아들이는 데 도움이 됩니다.

"어릴 적 엄마(아빠)가 나에게 ○○한 것을 기억합니다. 그때 나는 △△ 기분을 느꼈습니다"라고 말합니다. 진심으로 받아들여지고 이해될 때까지 반복해서 말합니다. 이 받아들임은 새로운 출발을 의미하며, 그때부터 마음은 용기를 갖게 하는 데 초점이 맞춰질 것입니다.

solution

❶ 용기는 내 안에 있습니다.
❷ 먼저 자신의 상처를 드러내는 과정을 거쳐야 합니다. "나는 ○○을 기억한다. 그때 나는 △△ 기분을 느꼈다"라고 솔직하게 말합니다.
❸ 이 질문에 답을 하는 것이 내 안에 있는 진정한 용기와 접속하는 방법입니다.

아이에게 올바로 선택하는
방법을 알려주자

自己 내면의 소리에 귀 기울여본 성현이가
지금 정말 중요한 일은 '대학 입시'라고 했습니다.
그리고 목표를 이루는 데 방해가 되는 장애물은 마음가짐,
즉 단단한 멘탈이 부족한 것이라고 했습니다.

성현이는 초등학교 때 부모님이 교통사고를 당해 돌보아줄 사람
이 없었는데 그 시기에 정말 두려웠습니다. 이런 두려움을 피하
기 위해 만난 게임은 성취감이라는 가면을 쓰고 성현이의 몇 년
을 순식간에 갉아먹었습니다.

　성현이는 초등학교 때 축구를 선택해 축구부에서 열심히 집중

했습니다. 중학교 때는 게임을 선택했는데 승부욕이 많아 게임에 집중해서 이기면 성취감이 들어 행복했습니다. 중학교 때 꿈은 프로게이머가 되는 것이었으며 친구들과 같이 게임대회에서 우승했을 때 가장 행복했습니다. 고등학교에 올라와서는 남 앞에서 노래를 부를 때 행복해서 노래에 집중했습니다.

게임은 성취감이라는 가면일 수도 있다

운동도 잘하고 게임도 잘해서 아이들에게 인기가 좋은 고등학교 1학년 성현이를 만났습니다. 성현이는 학교생활을 아주 재미있게 하고 있는데 뭔가 허전하다고 했습니다. 항상 뭐든 열심히 하고 긍정적인 성현이는 무엇이든 선택하면 최선을 다했습니다.

그런데 성현이와 깊은 이야기를 하면 할수록 아쉬움이 남았습니다. 선택과 집중을 적절하게 했으면 지금보다 훨씬 더 성장했을 거라는 생각이 들었기 때문입니다. 방향을 잘 잡아주었으면 하는 안타까운 생각이 들었습니다. 본인도 그래서 잘 놀면서도 허전한 생각이 들었던 것입니다.

아이들이 어떤 것을 선택하고 집중하는 초기 단계에 주의 깊게 살펴보아야 합니다. 회피성 선택일 가능성이 항상 있기 때문입니다.

아이들이 '이랬으면 더 좋았을걸'이라고 후회하는 모습을 보면서 어떻게 하면 '생각하게 하는 학교생활'로 아이들이 덜 후회하게 할까 고민합니다. 그래서 상담할 때 아이들이 자신을 되돌아보게 합니다. 자기 마음과 마주하는 시간을 갖게 해주는 것입니다. 마음은 형체가 없기 때문에 상담 전에 먼저 자연스럽게 놀면 오감이 드러나면서 그나마 마음의 실체를 느낄 수 있는 힘이 생깁니다.

놀고 나서 기분이 좋아진 아이에게는 진지하게 자신에 대해 생각하고 탐색하는 시간을 하루나 이틀 주고 과거에 좋았던 점, 아쉬웠던 점과 현재의 나, 미래의 나를 쓰게 합니다. 그 내용을 바탕으로 이야기를 풀어갑니다. 시간은 좀 걸리지만 허전해하는 문제의 원인과 그것을 채울 수 있는 과제를 찾는 데 효과를 보고 있습니다.

성현이와도 팔씨름, 발등을 서로 밟는 발등 밟기 등 오감놀이로 감각기능을 자극한 후 자신에 대해 깊이 생각해보자고 했습니다.

3일 뒤 성현이가 과제로 내준 것을 다 썼다고 연락을 해왔습니다. 비가 오는 오후에 교장실에서 성현이를 만났습니다. 성현이에게 먼저 자신을 되돌아본 소감을 물었습니다.

성현이는 아직 인생의 반의반도 살지 않았지만 하고 싶은 것을 하면서 잘 살아온 것 같다고 했습니다. 하지만 한편으로는 아쉬운데 축구했을 시간에, 또는 게임했을 시간에 공부했더라면 달라졌을까 하는 생각이 들기 때문이라고 했습니다. "어제 나는 나 자신을 돌아봤다. 짧지만 머릿속에 많은 것이 스쳐 지나간 것 같다"라고 했습니다.

성현이에게 과거는 과거일 뿐 너무 연연하지 말자고 했습니다. 무엇을 하고 싶은지 알았으니 앞으로 목표를 이루기 위해 노력하면 된다면서 미래의 성현이를 상상하면 정말 멋있을 것 같다고 했습니다. 지금 진로를 변경해도 음악은 평생 친구이며 인생길을 가다보면 굽은 길도 많지만 지금 바른길로 가고 있다고 했습니다.

작은 성공감을
자주 경험하자

자기 내면의 소리에 귀 기울여 본 성현이에게 지금 정말 중요한 일이 무엇인지 물으니 '대학교 입시'라고 했습니다. 그런데 내신이 안 되고 정보가 부족하다고 했습니다. 노력해서 최소한 2~3등급으로 올려 수도권에 있는 대학에 진학하고 싶다고 했습니다.

목표를 이루는 데 장애물은 마음가짐, 즉 단단한 멘탈이 부족한 것인데 흔들리는 시점이 오면 동요하지 않고 자신과 시간을 한 번 더 갖겠다고 했습니다. 구체적인 일정으로는 수업이 끝나면 성적이 좋은 친구에게 자주 물어보고 체크하며 미리 사놓은 교재를 독서실에서 한 단원씩 차례로 풀고 이해하는 방법으로 공부하겠다고 했습니다.

원하는 대로 진학하게 되면 어떤 기분일지 성현이에게 물으니 노력은 배신하지 않는다는 것을 느낄 것 같다고 했습니다. 부모님이 좋아하는 것은 물론이고 자신이 하고 싶은 축구, 음악, 사회복지사 등 놓치는 것 없이 행복하게 할 수 있을 것 같다고 했습니다.

회피성 선택에서 올바른 선택의 렌즈를 갖게 해주는 방법은 먼저 자신을 직면하게 해서 과거 행동이 회피형 선택임을 인정하고, 그것을 고쳐보겠다는 의지를 갖게 해주는 것입니다. 그런 다음 작은 성공감을 자주 느끼게 해주는데 일찍 자기, 운동하기 등 가벼운 약속을 하고 도전하게 해서 회피하는 마음에서 벗어날 기회를 주어야 합니다.

사실 우리 인생은 선택의 연속입니다. 끊임없이 삶을 바라보는 마음을 의식적으로 가져야 내가 선택한 것으로 희생자가 되지 않습니다.

❶ 삶은 매 순간 선택의 연속입니다.

❷ 선택 중 가장 경계해야 할 것이 바로 병리적 회피입니다. 병리적 회피는 자존감과 연결되어 있습니다.

❸ 자주 작고 쉬운 계획을 세워 성공을 경험해봅니다. 그 경험이 올바른 선택의 안내자가 될 것입니다.

도망가면
어떤 일도 해결되지 않는다

·
·
·

회피하는 마음을 제대로 인지하지 못하고 방치하면
자기 삶의 밖에서 서성이며 살게 됩니다.
시원이에게 이번 기회가 회피의 뿌리가 어디에서 왔는지
알아차리는 중요한 전환점이 되기를 바랍니다.

초등학교 때 부모님이 이혼한 일을 생생하게 기억하는 고등학교
1학년 시원이는 어렸을 때 청주 할머니 집에서 자랐습니다. 그곳
에서 시원이는 늘 먼 곳을 응시했습니다. 그러다 막상 엄마가 오
면 멀리 도망갔는데 그 이유가 무엇인지는 모르겠습니다.

　시원이가 교실에서 항상 혼자 있으며 말이 없고 우울해하는

모습을 보이자 담임 선생님이 학급의 믿을 만한 친구를 통해 조심스럽게 다가가기도 했습니다. 하지만 시원이가 공격적으로 받아들이자 상담을 의뢰했습니다.

억압하는 마음은
성장을 방해한다

시원이는 몇 번 만나 이야기하는 동안 불편한 감정을 보이기도 하고, 약간 분노를 표출하면서도 약속한 상담시간을 잘 지켰습니다. 그리고 글을 쓸 때는 집중력을 보였습니다. 말할 때는 고개를 숙이고 더듬거리던 아이가 글을 쓸 때는 진지하고 자신감 있게 시원시원하게 써나갔습니다. "글을 잘 쓰는구나." "다른 아이들은 힘들어하는데 너 대단하다"라는 칭찬이 입에서 절로 나왔습니다.

시원이 자신도 모르는 이런 마음을 심리학에서는 '회피'라고 합니다. 엄마를 멀리하려는 까닭은 어릴 적 고통스럽고 힘든 감정 대상으로부터 도망가면 안전하다는 무의식적인 느낌 때문입니다. 회피 감정은 대부분 유아기에 형성됩니다. 시원이의 억압된 마음은 성장하면서 변화할 수 있는 기회를 갖지 못했습니다.

중학교 1학년 때 당한 따돌림은 더욱 사람을 두려운 대상으로 인지하게 했습니다.

그래서 점점 현실보다는 코스프레나 SNS에 의지하고 그 속에서 자신을 표출했습니다. 현실에서는 말수가 적고 소심한데 SNS에서는 마음의 저항 없이 친구가 되기 때문입니다. 시원이는 이런 자신이 너무 싫다고 했습니다. 특히 인터넷에서는 말을 잘하는데 실제로는 그러지 못하고, 속는 것을 알면서도 바보같이 사람을 잘 믿는 자신이 너무 속상하다고 했습니다.

참 신기하게도 아이들은 저마다 다 다릅니다. 어떻게 이렇게 다를 수 있을까요? 그 다름과 특성을 알기가 쉽지 않은 것이 사실이지만, 전혀 불가능한 일도 아닙니다. 특별한 방법도 없습니다. 인내심을 가지고 필요한 것보다 두세 배 정도 관심을 보이며 이야기를 나누어야 어느 순간 마음이 열리고 아이의 강점이 드러난다는 것을 알게 되었습니다. 그 순간은 누구도 대신할 수 없습니다.

하찮아 보이지만 함께한 사람만이 많이 느낄 수 있으며, 그때 아이는 자신의 약점을 받아들이고, 회피하는 대신 움츠렸던 자신으로부터 탈출을 시도합니다.

시원이에게 아팠던 기억을 물으니 친구들이 자신에 대한 헛소문을 믿으며 손가락질하고, 실망했다는 말을 남기고 떠나간 것이라고 했습니다. 자기가 그런 적도 없는데 친구들이 그렇게 했다고 했습니다.

그리고 중학교 1학년 때 친구들이 단체로 자기 주변에 동그랗게 서서 마녀 사냥하듯 소곤소곤하고, 모두 경멸하는 눈으로 바라보았던 기억이 자주 떠올라 힘들다고 했습니다. 그 일로 학교를 밥 먹듯이 빠지고 수업시간에는 잠만 잤습니다. 지금은 여러 가지 일을 겪으면서 아픔에 익숙해졌는지 절망이 와도 더는 굴복하지 않겠다는 마음은 있지만 잘 안 된다고 했습니다.

이렇게 글을 적으며 활동하니까 점점 자신이 어두운 쪽에서 밝은 쪽으로 한 걸음 한 걸음 걸어가고 있다는 걸 느끼게 되어 너무 좋다고 했습니다. 그리고 앞으로도 이런 활동을 많이 하면 좋을 것 같다고 했습니다.

삶의 밖에서
서성이지 말자

시원이는 살면서 기분 좋았던 일 중 하나가 글 쓰는 것을 좋아하게 된 것이라고 했습니다. 답답하고 죽고 싶을 때 글쓰기가 유일하게 믿고 이야기할 수 있는 친구였고 말이 글이었습니다. 글로 주고받으면서 밝아진 시원이에게 어떤 한 부분에서 좀더 자세한 이야기를 듣고 싶다고 말하면 어느새 흰 종이는 빽빽하게 글로 채워졌습니다.

시원이에게 원을 그리고 원 안에는 '자신이 지키고 싶은 것', 원 밖에는 '버리고 싶은 것'을 써보라고 하니 지키고 싶은 것은 친구들이고 버리고 싶은 것은 자신이라고 했습니다. '자신이 너무 싫다'고 했습니다.

지키고 싶은 소중한 친구는 코스프레 활동을 하면서 가식 없이 진심으로 환영해주고 네가 없으면 안 된다고 말해주던 사람들이라고 했습니다. 또 진짜 친한 사람도 아닌데 진심으로 자기 말을 들어준 사람들이 소중하다고도 했습니다. 시원이에게 어릴 때의 소중한 기억을 이야기해보라고 하니 존경하는 영웅 캐릭터 디지몬이 악당을 무찔렀을 때라고 했습니다.

상담을 마치면서 바꾸고 싶은 것을 써보자고 했습니다. 자신을 안 좋게 보는 사람들에게 자기에 대한 헛소문을 믿고 있다는 것을 보여주고 싶다고 했습니다. 학창 시절을 어떻게 해야 잘 보낼 수 있을지 고민하고 바꾸고 싶다고도 했습니다. 그리고 앞으로 미래라는 도화지에 어떻게 해야 불행한 결과가 그려지지 않고 행복한 결과가 그려질지를 생각해 좋은 쪽으로 바꾸고 싶다고 했습니다.

회피하는 마음을 제대로 인지하지 못하고 방치하면 자기 삶의 밖에서 서성이며 살게 됩니다. 시원이에게 이번 기회가 회피의 뿌리가 어디에서 왔는지 알아차리는 중요한 전환점이 되기를 희망합니다.

자기가 유난히 방어적이고 타인을 의식한다면 다음과 같은 질문에 진지하게 답을 해보기 바랍니다. 꾸준하게 불만을 드러내는 사람이 누구인지, 내가 미루고 있는 일이 무엇인지, 정말 바꾸고 싶은 것이 무엇인지를 시간을 내어 조용한 장소에서 써보기 바랍니다. 솔직한 답변은 듣는 사람이 없어도 불평할 수 있는 아주 좋은 기회를 갖게 해주고 좀더 친절한 자신을 만나게 해줄 것입니다.

solution

❶ 다른 사람에 대해 방어하고 회피하는 태도는 자신을 삶의 밖에서 서성이게 만듭니다.

❷ 지속적으로 불편하게 만드는 사람이 누구인지 자문하고 조용한 시간에 대답을 해봅니다.

❸ 독사에게 물렸을 때 해독제가 필요하듯이 이 질문이 당신에게 해독제가 될 것입니다.

우리 인생은 선택의 연속입니다.

끊임없이 삶을 바라보는 마음을 의식적으로 가져야

내가 선택한 것으로 희생자가 되지 않습니다.

오늘도 게임 때문에 힘들었다면 이렇게 해보자

공감해주는 친구가 생기면 나쁜 습관에서 벗어날 수 있다

담배의 유혹, 어떻게 이겨낼 수 있을까?

담배를 끊고 싶다면 이렇게 해보자

자존감을 높이면 담배를 끊을 수 있다

전자담배도 다른 것과 똑같은 중독 물질이다

지나치게 게임에 빠져있다고 생각한다면 이렇게 해보자

4장

나쁜 습관에서 벗어나야 행복하게 산다

오늘도 게임 때문에 힘들었다면
이렇게 해보자

상담 마지막 날 수료식에서 동욱이는
'게임을 조절할 수 있다'는 자신감으로 수료 소감을 말했습니다.
이제 엄마와 덜 싸우며, 노래 부르기에 관심이 생겼다고 했습니다.

동욱이는 롤과 오버워치 게임을 하는 프로게이머가 되고 싶은
데 부모님이 반대해서 걱정입니다. 프로게이머가 되려면 지금보
다 게임을 적어도 한 시간은 더해야 하는데 동욱이 엄마와 아빠
는 게임하는 것을 막지 않는다면서도 동욱이가 게임을 하면 학
원 숙제를 다했는지 점검하고, 조금만 틀리면 불안해하며 게임

을 통제했습니다.

동욱이는 숙제하는 것이 가장 싫습니다. 영어는 외우기 어려운데도 영어 단어를 조금이라도 외우지 못하거나 숙제를 안 하면 부모님이 혼을 많이 냈습니다. 동욱이는 혼나고 나면 방에 들어가 한참 말을 안 하는 버릇이 있는데 그러면 부모님과 서먹서먹해졌습니다.

게임에 빠져 있는 아이는
게임을 못하게 하면 위험해질 수 있다

커다란 검은색 운동복에 흰색 운동화가 잘 어울리는 동욱이를 주말에 만났습니다. 동욱이는 동그란 얼굴에 피부가 아기같이 윤이 났습니다. 먼저 풍선을 불어 서로 번갈아가며 10번 이상 치는 풍선치기 놀이를 하고 이어서 팔씨름을 했습니다. 동욱이가 이가 보일 정도로 환하게 웃었습니다.

놀고 난 후 동욱이가 재미있다고 하기에 어릴 때부터 지금까지 가장 재미있었던 일을 말해보라고 하니 게임을 처음 시작했을 때, 부모님과 같이 놀았을 때라고 했습니다. 게임은 일곱 살 때 가족과 같이 '스타크래프트'를 했다고 했습니다.

스타를 하다가 여러 가지 게임을 했는데 부모님과 같이 게임과 운동을 할 때 좋았으며 공원에서 배드민턴을 칠 때도 즐거웠다고 했습니다.

하지만 동욱이 엄마는 게임 때문에 매일 집에서 전쟁을 치른다고 했습니다. 게임을 어느 정도 하게 해야 할지 모르겠다며 무작정 막는다고 될 일도 아니라는데 아이를 바라보는 마음이 무겁다고 했습니다.

동욱이 엄마처럼 아이가 게임에 과몰입하는 것 같아 걱정된다면 간단한 진단으로 게임 몰입 상태를 알아보는 것이 해결의 실마리가 될 수 있습니다.

한국정보화진흥원에 탑재되어 있는 청소년 온라인 게임 중독 자가진단 척도로 검사해보길 권합니다. 총 20문항이 있으며 검사하면 바로 일반사용군, 잠재적 위험군, 고위험군으로 구분해 아이 상태를 알려줍니다.

게임 과몰입으로 걱정되었던 동욱이는 검사 결과 잠재적 위험군으로 나왔습니다. 게임 때문에 해야 할 일을 못하며, 게임을 그만두어야 하는 경우에도 그만두기를 매우 어려워했습니다. 그리고 게임을 하지 않을 때도 게임 생각을 많이 한다는 진단이 나왔습니다.

자가진단에서 나왔듯이 잠재적 위험군에 있는 아이는 게임을 하지 못하게 하면 더 위험해질 수 있습니다. 대부분 게임을 통제하면 하지 않을 거라고 생각하는데 이는 위험한 판단입니다. 더군다나 동욱이는 손에서 땀이 나고 걱정이 많아 불안해하며, 하고 싶은 일을 당장 하지 않으면 초조한 충동성 경향과 조그만 일에도 화를 내는 공격적 성향도 나타냈습니다.

게임을 하게 되는 원인을 제대로 파악해보자

게임을 말리는 부모와 게임을 하겠다는 아이 사이에서 이러지도 저러지도 못하니 참 어렵습니다. 더군다나 요즘 게임이 스포츠이며, 프로로 진출하면 연봉을 많이 받는다는 언론 보도가 나오면서 아이들과 부모님의 혼란이 가중되고 있습니다.

게임이 스포츠인 것은 확실합니다. 아이들은 게임을 하면서 마치 야구장에서나 볼 법한 함성을 지르고, 서로 협력하면서 소통하고 즐거움을 함께합니다. 또 그 중 특출 난 아이들은 프로로 진출해 많은 연봉으로 자신의 재능을 발휘하는 것도 사실입니다.

하지만 학교 수업을 따라가지 못하고 학교나 집에서 성취감을 찾지 못해 학창 시절을 피시방에서 보내는 아이들이 많은 것은 또 다른 현실적인 문제입니다. 이런 회피용 게임 증상을 보이는 아이에게 무조건 게임을 하지 말라고 막으면 서로 관계가 소원해져 아이가 더욱더 게임에 빠져 회복할 수 없는 상태로 갈 수 있습니다.

이런 진단을 바탕으로 동욱이와 9회기 상담을 진행했습니다. 매주 토요일 게임 전문가와 게임을 실제로 해보고, 게임에서 사용되는 용어로 영어 수업도 하고, 몸으로 움직이는 모험놀이 상담도 꾸준히 했습니다. 다행히 동욱이는 몰라보게 달라졌으며 같은 질문으로 실시한 사후 검사에서 일반군으로 나왔습니다.

상담 마지막 날 수료식에서 동욱이는 '게임을 조절할 수 있다'는 자신감으로 수료 소감을 말했습니다. 동욱이는 이제 엄마와 덜 싸우며, 노래 부르기에 관심이 생겼다고 했습니다.

게임 때문에 밀고 당기고 싸우는 것은 마치 단거리 경주 같습니다. 아이가 게임을 과하게 한다는 생각이 들면 걱정하기보다는 앞에서도 이야기했듯이 한국정보화진흥원 사이트에 들어가 간단히 진단해보기 바랍니다. 이 시도가 또 다른 시도를 만들어 아이의 변화를 이끌어낼 것입니다.

한국정보화진흥원에 탑재되어 있는 청소년 온라인 게임 중독 자가진단 척도를 근거로 해서 아이와 함께 최저선을 만들어보기 바랍니다. 아이가 지켜야 할 최저선은 '주말에만 게임을 한다'는 식으로 3가지, 엄마가 정하는 최저선은 '게임할 때 무조건 화를 안 낸다'는 식으로 3가지를 정합니다.

합의된 최저선을 크게 써서 냉장고에 붙여놓고 하루에 한 번 식사시간에 서로 잘 지키고 있는지 확인합니다. 게임 때문에 잃어버렸던 감정적 평정심을 회복하게 해줄 것입니다.

공감해주는 친구가 생기면
나쁜 습관에서 벗어날 수 있다

．
．
．

게임에 빠져들려고 할 때 친구에게 도움을 청해봅니다.
친구와 솔직하게 이야기하다보면 게임에 의존하는 것이 아니라
즐기며 조절할 수 있는 새로운 길도 있음을 알게 될 것입니다.

아현산업정보학교 e스포츠영재교육센터에서는 초중고 학생을
대상으로 게임 과몰입 및 재능개발 프로그램을 3년째 운영하고
있습니다. 이번 참여 학생들은 지난 기수와 많이 비교되었습니
다. 지난 기수의 참여자 16명 중 고위험군은 4명, 잠재적 위험군
은 9명, 일반군은 3명이었는데 이번에는 인원이 배로 늘어 33명

이 신청했습니다.

항상 첫날은 아이들을 대상으로 청소년 인터넷 중독 자가진단 척도를 조사합니다. 조사 결과 33명 중 5명이 잠재적 위험군, 나머지는 일반사용군으로 나왔습니다. 잠재적 위험군 아이들의 설문 응답을 좀더 구체적으로 보면 15가지 문항 중 5~6개 문항에서 인터넷 사용에 대한 문제점을 그렇다고 생각했습니다. '인터넷을 하고 나서 또 하고 싶다'는 응답이 잠재적 사용군의 공통적 특징으로 나타났습니다. 여기서 또 '하고 싶다'는 마음에 자기 통제력을 잃으면 고위험군으로 들어갑니다.

나는 지금
어느 경계에 있나?

다음은 잠재적 위험군 아이들 중 몇 명의 설문을 분석한 결과입니다. 먼저 덩치가 꽤 큰 재인이는 15개 문항 중 '인터넷을 하다가 그만두면 또 하고 싶어진다. 인터넷 시간을 줄여보려고 하지만 실패한다. 인터넷 사용을 줄여야 한다는 생각이 끊임없이 든다. 주위 사람들이 인터넷을 많이 한다고 지적한다. 인터넷 때문에 돈을 더 많이 쓰게 된다'에 '그렇다'고 대답했습니다.

체구가 작은 준표는 '인터넷을 하다가 계획된 일들을 제대로 못한 적이 있다'에 '매우 그렇다'고 응답했고 '인터넷 사용을 줄여야 한다는 생각이 끊임없이 든다. 인터넷 사용을 속이려고 한 적이 있다. 주위 사람들이 내가 인터넷을 너무 많이 한다고 지적한다. 인터넷을 하지 않으면 생활이 지루하고 재미가 없다. 인터넷을 하다가 그만두면 또 하고 싶다'에 '그렇다'고 응답했습니다.

안경을 쓰고 단정해 보이는 철수는 '인터넷을 하다가 계획한 일들을 제대로 못한 적이 있다. 인터넷 때문에 돈을 더 많이 쓰게 되었다'에 '매우 그렇다'고 응답했고, '인터넷을 하지 못하면 생활이 지루하고 재미가 없다. 인터넷을 하다가 그만두면 또 하고 싶다. 인터넷 사용을 줄여야 한다는 생각이 끊임없이 들곤 한다. 주위 사람들이 내가 인터넷을 너무 많이 한다고 지적한다'에 '그렇다'고 응답했습니다.

잠재적 위험군에 속해 있는 아이들의 성적을 살펴보니 평균 40~60점이었습니다. 이 아이들은 게임 외에는 학교에서 재미있는 것이 없다고 했습니다. 아이들은 매번 성적을 올리겠다고 다짐해보지만 뜻대로 되지 않는 것 같았습니다. 학교도 재미없고 다른 흥미 요소도 찾지 못한 채 게임만 하게 되는 상태가 지속되면 잠재적 위험군 아이들은 빠른 속도로 고위험군으로 들어가게 됩니다.

잠재적 위험군에 있는 아이들에게 게임이 자신에게 미친 영향을 솔직히 써보게 했습니다. 준표는 기분이 좋아지게 만들기도 하지만 공부 시간을 뺏기게 되어 공부를 못하게 만든다고 했습니다. 그리고 난폭해지는 느낌이 있는 것 같다고 했습니다.

재인이는 학기 초에 친구를 만들어준 유일한 것이 게임이었다고 했습니다. 친구들과 모였을 때 재미있고 다 같이 할 수 있으며 심심할 때 할 만한 것이 게임이라고 했습니다. 그러나 사람이 얼마나 화를 낼 수 있는지 처음 알려준 것도 게임이라고 대답했습니다.

아이들에게 게임은
활용하기 달렸다

요즘 엄마들이 만나자마자 꺼내는 말이 휴대전화와 게임 문제입니다. 게임에 빠져 있는 아이를 어떻게 해야 할지 모르겠다고 합니다. 그냥 하게 놔두자니 불안하고, 통제하려면 매번 싸우게 된다고 합니다. 또 아이 꿈이 프로게이머라고 하는데 정말 게임을 잘하는 것인지 걱정된다고 했습니다.

게임은 산업적 측면에서 성장 동력이 큰 매력적인 분야입니다. 한때 우리나라는 세계적으로 게임을 잘 만드는 나라였으며, 현재도 우리나라 게임선수를 외국에서 가장 선호합니다. 하지만 이런 게임이 아이들 교육문제로 다가오면 금기시되는 애물단지가 되어버립니다.

오랫동안 반복된 이런 문제를 전교생을 상담하면서 좀더 깊이 들여다보게 되었습니다. 새로운 방법을 찾으려 학교에 피시방을 설치하고 다양한 해결 방법 중 하나로 초중고 학생들을 대상으로 게임 과몰입 해소 및 재능개발 프로그램을 진행한 것입니다.

고위험군 아이들이 잠재적 사용군과 다른 점은 '인터넷 사용 시간을 줄이려고 해보지만 실패한다' 등에 '매우 그렇다'고 4개 이상 문항에 답을 한 것입니다. 또 잠재적 사용군 응답에 없는 '인터넷 사용으로 인해 건강이 이전보다 나빠진 것 같다'에 '그렇다'고 외 8개 이상 문항에 응답했습니다. 15개 문항 중 12개 문항에 '그렇다'와 '매우 그렇다'고 대답했습니다.

고위험군은 인터넷 때문에 일상생활에서 심각한 장애를 보이고 금단현상도 동시에 나타납니다. 대인관계는 주로 사이버상에서 이루어지며 오프라인보다 온라인을 더 편하게 생각합니다. 성적이 현저히 떨어지며 밤에 게임을 하기 때문에 수면이 부족해 우울한 기분 속에서 생활하게 됩니다. 아이들이 고위험군에 이르면 되돌리는 데 시간이 오래 걸립니다. 그래서 잠재적 사용군에 있을 때 더 많은 관심을 가지고 치유해야 합니다.

어떤 특정 대상에 대한 병리적 의존은 다른 사람과 접촉할 기회를 막아버리게 됩니다. 이것은 자신과의 접속 또한 끊임없이 방해합니다. 이런 상태에서 벗어나 온전한 자신의 힘을 발견하려면 조용히 눈을 감고 자신을 존중해줄 사람들의 목록을 만들어봅니다. 그리고 힘들 때 혼자 애쓰지 말고 그 사람 중 한 사람을 찾아가 이야기를 나누어봅니다. 친구와 공감하는 영역이 생기면 게임 등 병리적으로 의존하는 공간은 자연스럽게 줄어들게 됩니다.

solution

① 게임할 때 나는 게임을 어느 정도 하는지 스스로 살펴볼 필요가 있습니다.

② 게임할 때 도움이 되는 친구와 방해가 되는 친구 목록을 만들어봅니다.

③ 게임에 빠져들려고 할 때 목록을 보고 도움이 되는 친구에게 도움을 청해봅니다. 친구와 솔직하게 이야기하다보면 게임에 의존하는 것이 아니라 게임을 즐기며 조절할 수 있는 새로운 길도 있음을 알게 됩니다.

담배의 유혹,
어떻게 이겨낼 수 있을까?

:
:
:

특정 대상에 대한 병적인 중독에서 벗어나기 위해
가장 먼저 해야 할 일은 대상을 인정하는 것입니다.
내가 담배 때문에 고통스러운 일이 일어났음을
인정하게 하는 것이 매우 중요합니다.

영실이는 중학교 2학년 때 처음 담배를 피웠는데 그 모습이 멋
있어 보였고 몸에서 연기가 나오는 것이 신기했습니다. 원래 주
변 친구들이 담배를 피웠으므로 자기도 한번 경험해보고 싶다는
생각에 피우기 시작했습니다. 교복을 입고 담배를 피우면 어른
들이 혼낼까봐 나무 사이에 숨거나 상가 뒤편 또는 주차장에서

담배를 피웠습니다.

중학교 3학년 때는 학원 끝나고 담배를 피우다가 순찰 도는 선생님들에게 걸려서 밤 10시 넘어 학교로 끌려갔다가 부모님이 오신 뒤에야 집에 간 적도 있습니다. 그날 이후 담배 냄새가 나지 않게 하려고 담배를 나무젓가락에 끼워서 피우거나 라이터와 라이터 사이에 끼워서 피웠다고 영웅담처럼 이야기했습니다. 몸에서 냄새가 나지 않도록 향수나 탈취제를 들고 다녔고 껌을 항상 가지고 다녔습니다.

방어의식은 마음에
그림자를 만든다

마음이 밝은 영실이를 상담실에서 만났습니다. 영실이처럼 담배 피우는 아이들을 종종 상담하는데 이런 아이들은 거의 대부분 착합니다. 왜 착한 아이들이 담배를 더 많이 접할까 늘 궁금했고 자주 그 이유가 무엇인지 생각했습니다.

어느 날 자전거를 타다가 문득 이런 생각이 들었습니다. '착하고 순하니까 자기에게 오는 고통을 밖으로 분출하지 못하고 속으로 고민하는 것이다. 그리고 해결하지 못한 문제는 점점 결핍으로 고착되며, 이런 상태에서 스스로를 위로하거나 자해 방법을 찾게 되는데, 가장 손쉬운 방법이 담배일 것이다.'

어떤 문제를 스스로 해결하지 못하고 다른 것으로 해소하면서 반복하는 행위를 중독이라고 합니다. 이러한 결핍에 따른 중독은 사소한 자극에도 자동으로 반응하게 되는 심리적 그림자를 만듭니다.

영실이 또한 담배라는 대상을 무의식적으로 선택한 후 학창 시절을 공격과 방어를 하면서 그림자처럼 지냈습니다. 이 그림자는 항상 자책하면서 스스로 학대하는 습성이 있는데 계속 이렇게 사는 것은 고통스러운 일입니다. 그림자로 드리워진 어두운 삶에서 새로운 빛으로 옮겨가야 합니다.

분위기를 바꾸기 위해 영실이에게 살면서 도움을 받은 사람이 있는지 물었더니 부모님이라고 했습니다. 힘들어서 고민이 많을 때 표현하거나 이야기하면 엄마가 항상 공감하며 도와주었고, 친구는 가족과 다투거나 혼자 우울할 때 같이 있어주었다고 했습니다. 중학교 3학년 때 담임 선생님은 학교에서 안 좋은 일이 있거나 잘못했을 때 혼내지 않고 안아주기부터 했다고 했습니다.

영실이에게 이렇게 도움을 받은 사람에 대해 얘기하고 나니 어떤 생각이 드는지 물으니까 그분들이 보고 싶다고 했습니다. 이어서 방해가 되었던 사람이 있는지 물으니 초등학교 5학년 때 친구가 없어서 너무 힘들고 외로웠다고 했습니다. 그래서 담배를 피운 것이라고 영실이가 먼저 담배 이야기를 꺼내서 자연스럽게 담배 이야기로 이어갔습니다.

고등학교 3학년이 되어서는 학교 주변에서 담배를 피우다가 두 번이나 걸려 사회봉사를 갔다 왔다고 했습니다. 사회봉사를 하면서 아무것도 하기 싫어진 적이 있는데 그때는 밥 먹기도 귀찮고 움직이기도 싫었다고 했습니다. 그때가 오히려 기회가 되어 지금까지 금연하게 되었다고 했습니다.

자신에게 완벽을 요구하지 말자

영실이는 담배 이야기가 나오자 처음에는 어색해하며 몸을 꼬았습니다. 불편해하는 영실이에게 자신을 말없이 표현해보라고 했습니다. 그리고 그것을 맞히는 놀이를 하자고 했더니 못하겠다며 엄살을 부렸습니다. 내가 먼저 마이크를 잡고 노래하는 척 했더니 '가수'라고 입을 열었습니다. 영실이가 일어나 땅을 파는 시늉을 하기에 꽃을 심는 사람이라고 했더니 맞았다며 좋아했습니다.

영실이가 조금 민망하지만 선생님이 알아맞혀서 신기하고 재미있다고 했습니다. 아이들과 이야기할 때는 더듬거리는 단어나 자신 있게 말하는 단어 두 가지 중 하나로 실마리를 풀어갑니다. 망설이는 단어에서는 비밀스러운 이야기가 나올 수 있으며, 자신 있게 하는 이야기에는 행복했던 어린 시절이 들어 있어 이야기를 풀어가는 데 도움이 됩니다.

영실이와는 민망하다는 단어로 이야기를 이어갔습니다. 영실이는 자기를 부르는 줄 알고 길에서 대답했을 때, 길 건너에 있는 친구를 불렀더니 친구가 못 알아듣고 그냥 가버렸는데 주변 사람들이 쳐다보았을 때, 수련회 같은 곳에서 무대에 올라갔을 때 정말 민망했다며 상황을 잘 표현했습니다.

민망한 것의 반대로 즐거운 것에 대해 이야기했습니다. 학예회 날 엄마·아빠가 왔을 때, 연예인 공연이나 규모가 큰 공연을 처음 봤을 때, 좋아하는 사람들과 눈치 안 보고 놀 수 있을 때라고 했습니다.

영실이 꿈은 '바리스타'가 되는 것인데 성적이 장애물이라고 했습니다. 해결책으로 영어 공부를 미루지 않고 하겠다고 했습니다. 몇 살에 성공하고 싶은지 물으니 스물여섯 살에 성공하고 싶다고 했습니다.

성공한 일상으로는 아침에 일어나 편하게 아침을 먹고 느긋하게 준비한 뒤 작품을 보러 오는 이들을 위해 따뜻한 차를 내며, 손님들과 수다를 떨고 꽃을 선물한다고 했습니다. 그리고 결혼 준비를 하면서 봉사활동을 하거나 기부행사를 열 것 같다고 했습니다.

성공한 영실이가 지금의 영실이에게 해주고 싶은 말을 해보라고 했습니다. 영실이는 "그동안 하고 싶은 것 다 하지 못해서 억울했지. 남들 놀 때 혼자 공부하느라 속상했을지 모르지만, 그런 일을 겪으면서 얼마나 성장하고 발전했는지 알게 될 거야. 그러니까 힘들어도 포기하지 말고 항상 웃으며 이겨내. 버티기 힘들더라도 잘할 수 있어. 앞으로 이런 경험을 쌓으면서 좋은 인연을 만나게 될 거야. 그러니까 겁난다고 포기하고 도망가지 마. 네가 있었기에 지금 내가 있을 수 있어"라고 했습니다.

상담을 마치면서 소감을 물었더니 자신을 돌아볼 수 있었고 선생님이 칭찬을 해주어 더 열심히 할 수 있었던 것 같다고 했습니다.

'선생님이 진짜 상담가'라며 기분이 좋아졌다는 영실이에게 미안하기도 하고 고마운 마음이 들기도 했습니다. 앞으로 영실이가 지난 그림자가 새로운 그림자를 만드는 것이 아니라 지난 일들이 산파가 되어 힘차게 살아가기를 바라봅니다.

특정 대상에 대한 병적인 중독에서 벗어나기 위해 가장 먼저 해야 할 일은 대상을 인정하는 것입니다. 내가 담배 때문에 고통스러운 일이 일어났음을 인정하게 하는 것이 매우 중요합니다. 그런 다음 그것은 다 지나간 일이고 자신에게 다른 것을 선택할 힘이 있다는 것을 깨우쳐줍니다. 이것은 천천히 부드럽게 마치 어린아이가 걸음마를 배우듯 해야 합니다.

또한 실천하면서 스스로에게 완벽을 요구하기보다 인내와 용기를 가지고 꾸준히 앞으로 나아가는 것이 중요합니다.

solution
❶ 어떤 대상에 중독되어 있다는 것은 대상에 극단적으로 의존하는 것입니다.
❷ 여기에서 벗어나려면 그것에 저항하는 것이 아니라 항복해야 합니다.
❸ 마음속에서부터 진심으로 받아들이면 백지 같은 새로운 마음이 열립니다. 그리고 꾸준한 인내와 용기가 필요합니다.

담배를 끊고 싶다면
이렇게 해보자

•
•
•

답답하다고 느낄 때 '나는 ○○ 때문에 답답하다'고 솔직하게 말합니다.
그리고 그런 나를 온전히 마음속 깊이 사랑한다고 눈을 감고
세 번 반복합니다. 마음의 장애물들을 제거하는 데 도움이 됩니다.

인근 고등학교 1학년 지은이가 교내에서 담배를 피우다가 걸려
사회봉사를 하고 있다며 담임 선생님이 상담을 의뢰했습니다.
지은이는 중학교 1학년 때 학교 운동장 벤치에서 친구가 담배를
권유하기에 처음에는 안 피운다고 했는데 어떤 맛인지 궁금해졌
습니다. 그리고 아빠가 왜 담배를 못 끊는지도 궁금해서 한번 피

워봤는데 나쁘지 않아서 그 이후 계속 피웠습니다.

중학교 2학년 때는 남자 친구가 담배를 끊으라고 해서 끊었다가 남자 친구와 헤어진 뒤 아르바이트를 하면서 힘들어 다시 피웠습니다. 지은이는 여러 번 금연을 시도했지만 그때마다 실패했습니다. 오빠가 담배를 피워 같이 끊으려고도 했지만 역시 실패했습니다.

답답할 때 "비록 내가 답답해도 그런 나를 사랑한다"라고 말해보자

지은이가 방과 후 교장실로 찾아왔습니다. 긴 머리에 자그마한 얼굴이 흰 티와 잘 어울렸습니다. 지은이는 "선생님이 진짜로 담배 노래를 불렀어요?" 하고 궁금한 듯 물었습니다. "그럼" 하면서 바로 기타로 금연송 〈노타바코〉를 불러주었습니다.

지은이는 노래가 끝나자 듣기 좋다며 박수를 치면서 환하게 웃었습니다. 지은이와 자연스럽게 담배 이야기를 나누었습니다. 지은이에게 담배 때문에 변한 것이 있다면 무엇인지 물었습니다. 손 색깔이 바뀌었다며 작은 손을 내밀어 보여주었습니다. 정말 오른손과 왼손의 색깔이 달랐습니다.

또 목소리가 굵어졌으며 몸에서 담배 찌든 냄새가 나서 창피하다고 했습니다. 그런데 안 피우면 답답하다며 답답하다는 단어를 자주 사용하기에 어떤 때 답답한지 물었습니다. 한참 생각하더니 모르겠다고 하기에 다시 한 번 생각해보자고 했습니다. 가정형편이 안 좋아서 하고 싶은 일을 못했을 때 답답했던 것 같다고 했습니다.

지은이와 답답함을 느끼는 불편한 감정을 치유하는 작업으로 문장을 만들었습니다. "나는 비록 경제적인 이유로 하고 싶은 것을 하지 못해 가슴이 답답하지만, 그럼에도 그런 나를 온전히 마음속 깊이 사랑합니다." 문장을 만들고 몇 번 반복해 읽고 나서 기분을 물었더니 잘 모르겠다고 했습니다.

지은이의 답답함은 하고 싶은 춤을 어려운 경제 사정으로 포기하면서 시작되었습니다. 이런 지은이와 답답함에 대한 감정 치유 문장을 춤이라는 단어를 넣어 좀더 구체적으로 만들었습니다. "나는 춤을 추고 싶은데 경제적인 이유로 춤을 추지 못해 아쉽지만, 그럼에도 그런 나를 온전히 마음속 깊이 사랑합니다." 지은이는 이 문장을 눈을 감고 다섯 번 반복해서 말했습니다. 지은이에게 다시 기분을 물으니 늘 가슴이 답답했는데 좀 뚫린 기분이 든다고 했습니다.

지은이에게 지금 기분이 어떠냐니까 '되게 좋고' '시원하다'고 했습니다. 시원한 느낌을 받았던 적에 대해 이야기를 나누었습니다. 미용실에서 두피 마사지를 받았을 때 시원했다고 웃으면서 이야기했습니다. 운동해서 땀 내고 샤워할 때도 시원하고 자유를 얻는 것도 시원하다고 했습니다. 자유에 대해 좀더 구체적으로 이야기를 듣고 싶다고 하니 남자 친구의 간섭을 받지 않는 것이라고, 남자 친구에게 통제받는 것이 싫었다고 했습니다.

'시원하다'의 반대는 무엇이냐고 물으니 다시 '답답하다'고 했습니다. 답답했던 적에 대해서도 이야기했습니다. 쉽게 설명해도 다시 물어보고, 다르게 이해해서 더 쉽게 설명해주어도 계속 알아듣지 못할 때 정말 답답하다고 했습니다. 또 말을 하고 싶은데 못하게 할 때, 오해를 받아서 풀려고 얘기하면 중간에 말을 끊고 자기 말만 할 때도 답답하다고 했습니다. 얼마 전 한 달간 금연했는데 정말 답답했다고 했습니다.

한 가지 길이 막히면
다른 길도 있다

지은이는 그동안 답답함을 담배로 해결했고 꿈을 펼치지 못한 자신을 실패한 사람으로 여겼습니다. 우리는 가끔 산책하다가 우연히 막혔던 생각이 뚫리는 경험을 합니다. 답답할 때 스스로 기분을 물어보는 것만으로도 자신의 눈높이에 맞는 통찰력을 갖게 됩니다.

지은이는 '유명한 요리사'가 되고 싶다고 했습니다. 요리사가 되는 데 장애물은 '자격시험'이라고 했습니다. 그러고는 '이루고 싶은 진짜 꿈'도 장애물이라고 하기에 그것이 무엇인지 물으니 '춤'이라고 했습니다.

그러면서 해결책으로 요리해야 하니까 춤은 마음의 여유가 생기면 주말이나 쉬는 날 친구들과 버스킹도 하고 축하공연 같은 것도 해보겠다고 했습니다. 나중에는 대회에 나가서 상도 타고 싶으며, 여유가 생기면 꼭 해보고 싶은 일인데 지금은 취미로 생각하겠다고 했습니다.

지은이는 이제 춤을 자기 전 머릿속에서 그려보고 틈틈이 연습하겠다고 했습니다. 지은이가 한 가지 길이 막히면 다른 길도 있음을 알게 된 것입니다. 사람들의 답답함을 풀어주는 '춤추는 요리사'가 되면 정말 재미있겠다면서 웃었습니다. 그러면서 자신은 "나는 마음먹으면 할 수 있는 사람이다." "나는 금방 일할 수 있는 사람이다." "나는 좋고 싫음이 확실한 사람이다"라고 말했습니다.

상담을 마치면서 자기 기분을 물어봐주고 왜 그런지도 물어주어 답답함이 사라졌다며, 담배 때문에 힘들었는데 자신을 좋은 시선으로 바라봐줘서 편안했다고 했습니다. 담배를 끊을 기회가 오면 꼭 끊고 싶다고 소감을 말했습니다.

왠지 늘 가슴이 답답하고 힘들다면 자기 자신의 기분을 확인하는 습관을 들이기 바랍니다. 하루 세 번 아침·점심·저녁을 먹은 다음 스스로에게 기분을 물어보고 그 응답에 조용히 귀를 기울이며 친절하게 대응하는 것입니다. 자신에게 관심을 보이면 좀더 나은 사람이 될 수 있습니다.

solution

❶ 답답하다고 느낄 때 '나는 ○○ 때문에 답답하다'고 솔직하게 말해봅니다.
❷ 그런 나를 온전히 마음속 깊이 사랑한다고 눈을 감고 세 번 반복합니다.
❸ 이 방법은 마음을 가로막았던 장애물들을 깨끗이 제거하는 데 도움이 됩니다.

자존감을 높이면
담배를 끊을 수 있다

:
:
:

영진이에게 마지막으로 담배를 피우는 후배들에게
하고 싶은 말을 해보라고 했습니다.
영진이는 피우고 싶으면 피우는데 남에게 피해를 주지 말고,
걸리지도 말라고 웃으며 이야기했습니다.

영진이는 중학교 1학년 때 친구 집에서 호기심으로 담배를 피우기 시작했습니다. 그리고 아파트 계단에서 왜 피우는지도 모르고 담배를 피웠습니다. 그러던 어느 날 학교 시험이 끝나고 화장실에 들어가 담배를 피다가 선생님에게 딱 걸렸습니다. 그래서 교내 봉사활동을 하다가 상담실에 오게 되었습니다.

중독의 가장 큰
해결책은 사랑이다

테가 굵고 검은색 안경을 쓴 영진이에게 담배 피우다 걸렸을 때 기분이 어떤지 물었습니다. "아, X됐다"라고 대답하기에 웃으면서 담배를 접하고 난 뒤 무슨 일이 일어났는지 물었습니다. 담배가 신체적으로 아직 문제를 일으키지는 않으나 금전 문제가 있고 학교에 피해를 주었다고 했습니다.

좀더 구체적으로 말해보라고 했더니 담배를 살 때마다 거금이 나가서 돈이 많이 필요하며, 담배를 피우다 걸려 학교에서 봉사활동을 하게 되면 피곤하고 힘들다고 했습니다. 그리고 부모님에게 실망을 안겨드려 안타깝고 죄송하다고 했습니다. 담배 때문에 아쉬운 일을 많이 하긴 했지만 반대로 스트레스를 푸는 데 도움이 되고 위안이 되었다고도 했습니다. 이런 반응을 보면서 아이 이면에 다른 것을 하고 싶어하는 마음과 금연 욕구가 공존한다는 사실을 알게 되었습니다.

흡연 중독은 아이들의 무의식을 지배합니다. 이성적으로는 피우지 말아야지 하지만 벌써 손은 담배에 가 있습니다. 왜 그럴까 생각해보니 담배가 모든 사람에게 절실하며 문제의 원인이자 해결책인 '사랑' 욕구를 대신하기 때문이었습니다. 담배를 언제 접했는지를 보면 초등학교 6학년에서 중학교 1학년 때가 많습니다. 그리고 담배를 왜 피우는지도 모르고 무심코 접하는 경우가 많습니다.

아이들 이야기를 들어보면 이 시기를 엄마와 아빠가 자주 다투어 불안했던 때로 기억합니다. 아이들은 하늘 같고 우주 같은 엄마와 아빠에게 기대지 못하게 되자 구강 욕구로 해소하는 것입니다.

담배는 점점 자신만의 비밀스러운 행동으로 이어져 불편한 일들을 만들어냅니다. 가방이나 주머니에 담뱃갑을 숨기고 있으면서 들키지 않으려다보니 선생님은 방어 대상이 됩니다. 후미진 장소를 찾게 되고 눈치를 봐야 하며 냄새를 없애야 합니다. 이런 행동들은 점점 수치심과 두려움으로 이어집니다.

이런 이유들로 상담하면서 가장 곤란을 겪는 것이 금연 상담입니다. 아이들은 마음 따로 몸 따로 놀며 담배 끊기를 정말 힘들어합니다. 예를 들면 흡연으로 선도위원회를 열면 다시는 흡연하지 않겠다고 다짐에 다짐을 합니다. 마지막으로 한 번만 기회를 달라고 무릎도 꿇고, 집에는 절대 이야기하면 안 된다고, 아빠에게 맞아 죽는다고 애원합니다.

그러면 정말 이번이 마지막이라는 다짐을 받고 용서해줍니다. 그런데 상담실을 나가면서부터 흡연 욕구를 참지 못한 아이가 학교 주변 주택가 골목으로 들어가 담배를 피우다가 주민의 신고로 걸리는 일도 있습니다.

어린 나에게 편지를 쓰다보면
잃어버렸던 자존감을 기억한다

담배 피우는 아이들을 보면서 어떻게 하면 아이들이 담배에게서 멀어지게 할지 정말 고민을 많이 했습니다. 나는 20여 년 전 수없이 금연을 시도했지만 실패했습니다. 그러다가 우연히 절에 들어가 묵언 참선을 하면서 마치 전에 담배를 피우지 않았던 것처럼 단박에 끊었습니다. 이 방법을 최고라고 생각하지만 아이들에게 적용하기는 불가능했습니다. 그래서 이런 방법도 시도했습니다.

아이들이 담배를 많이 피우는 화장실 앞에서 금연송인 〈노타바코〉를 부르며 교내에서 담배꽁초를 없앴습니다. 최근에는 또 다른 방법으로 금연 상담을 하고 있습니다. 제목이 '더 잘 살기 위한 질문'으로, 자존감을 높여주는 30개 질문을 책자로 만들었습니다.

아이들이 흡연을 은밀히 배웠듯이 금연도 맞춤식으로 세밀하게 흡연 원인을 제거하는 방식으로 접근해야 효과가 있습니다. 그래서 상담할 때 실제 경험을 바탕으로 근거 있는 응대를 해주면 굳게 닫혀 있는 마음에 새로운 빛과 용기를 주어 자신감을 갖게 해줍니다. 그래야 금연에 성공할 수 있습니다. 내 안에 있는 강력한 긍정적 힘으로 도움을 받으려면 전에는 한계라고 규정짓고 안 된다고 하는 것에서 다른 행동으로 연결해야 합니다.

'더 잘 살기 위한 질문' 30개는 어릴 때 좋았던 점, 그리고 가장 잘했던 것을 떠올리는 질문들이 10단계로 이어집니다. 편안하고 가벼운 마음으로 자신을 돌아보며 실천할 수 있는 질문들입니다.

영진이는 친구들이 많으며 노래와 영화감상을 좋아하고 달리기를 잘한다고 했습니다. 어릴 때 잘했던 것을 묻자 중학교 1학년 때 영어 점수가 90점 이상이었고 오래달리기에서 은상을 받았으며 친구들과 맨날 가는 피시방에서 게임했을 때 우승했다고 했습니다.

상담을 마치면서 영진이에게 마지막으로 담배 피우는 후배들에게 하고 싶은 말을 해보라고 했습니다. 담배 피우는 친구를 조심하고, 피우고 싶으면 남에게 피해를 주지 말고 피우며, 걸리지 말라고 웃으며 이야기했습니다.

자존감을 높여주는 방법으로 만든 금연을 위한 질문 30개는

166

금연 효과가 높지만 시간이 좀 오래 걸린다는 것이 단점이 있습니다. 하지만 아이가 학교를 불안해하지 않으며 잘 다닌다는 부수적인 효과가 있습니다.

마음 깊은 곳에 은밀히 숨어 있는 자존감과 접속하는 또 다른 방법이 있습니다. 일단 시간을 내어 조용한 장소로 이동합니다. 아주 부드러운 음악과 함께하면 더욱 좋습니다. 어린 시절로 돌아가 그 아이가 지금의 나에게 하고 싶은 말을 편지로 쓰는 것입니다. 꿈도 쓰고 걱정되는 것도 씁니다. 이 편지가 당신을 너그럽게 만들고 기쁘게 더 잘 살기 위한 새로운 지도를 그릴 수 있게 해줄 것입니다.

solution

❶ 일단 자신과 대화해보면 참 신나고 즐거운 일임을 알 수 있습니다.

❷ 자신이 좋아하는 음악이나 놀이를 함께하면서 대화를 해봅니다.

❸ 꿈도 쓰고 걱정되는 일도 쓰다보면 곡선으로 보였던 것들이 한순간 직선으로 이어질 것입니다.

전자담배도
다른 것과 똑같은 중독 물질이다

· · ·

어떤 대상에 대한 극단적 의존에서 벗어나기는 정말 힘들다고 합니다.
콤플렉스가 자신의 불안과 순간적으로 연결되어 급소를 공격하기
때문입니다. 그래도 긍정적 중독은 시도해볼 만합니다.

순태는 중학교 1학년 때 처음 접한 담배를 피우다가 3학년 때 친
구가 맛있다고 해서 학교 화장실에서 전자담배를 피우기 시작해
1년 정도 피웠습니다. 전자담배는 일반 담배보다 피울 시간이 많
고 냄새가 금방 빠져 교실에서 피워도 선생님들이 알아채지 못
해서 더 피웠습니다.

순태가 학교 화장실에서 전자담배를 피우다가 걸려 다른 학교로 전학 가야 할 처지가 되자 순태 부모님이 어떻게 해야 할지 모르겠다며 상담을 의뢰했습니다.

콤플렉스는
급소를 공격한다

작은 체구에 검은색 바지, 감색 티를 입고 안경을 쓴 순태는 상담 내내 큰일 났다며 걱정을 많이 했습니다. 너무 여러 번 담배를 피우다 걸려서 학교에서 퇴학당하게 되었다고 했습니다. 매번 하는 말이지만 이제 마음을 잡았으며 앞으로는 절대로 담배를 피우지 않겠다고 다짐과 맹세를 했습니다.

순태는 묻는 말에 대답도 잘하고 예의 바르게 행동했지만 긴장한 모습이 역력했습니다. 순태 엄마는 상담실에서 고등학교만 졸업하면 좋겠다며, 더이상 면목이 없어 말도 못하겠다면서 눈물을 보였습니다. 순태가 어릴 때 아빠 사업이 잘 안 되어 시골 친척집에서 키웠다며, 혹시 그래서 그런 것은 아닌지 항상 미안한 마음이 든다면서 모두 자기 탓이라고 했습니다.

옆에 있던 순태가 쓸데없는 말을 한다고 소리를 질렀습니다.

그리고 학교 안 다니면 된다고 큰소리치며 밖으로 뛰쳐나갔습니다. 그 모습을 지켜보려니 참 안타까웠습니다.

보통 심리학에서는 욕구를 자기 힘으로 도저히 통제하지 못한다는 판단이 들면 환경을 바꾸어주는 것이 좋다고 권고합니다. 청소년기에 게임, 담배 등 중독 성향이 있는 아이들을 위해 몇 주 또는 몇 개월 심리적 교감을 함께하는 청소년 치유 교육기관을 만들면 좋겠습니다.

중독은 의존의
극단적인 상태다

순태에게 담배는 불안을 채워주는 새로운 우상이었습니다. 조금만 마음이 불편하면 담배에 대한 욕구가 먼저 올라오고 손은 자동으로 담배를 찾았습니다. 퇴학당할 처지에 있는 것을 알면서도 버젓이 다른 아이들 보는 데서 담배를 피웠는데, 이렇게 욕구를 참지 못하는 이유는 담배에 중독되었기 때문입니다.

순태는 자동으로 담배를 입에 물게 되는 자동 강박 중독에 빠져 이제 자기 의지로는 어떻게 할 수 없었습니다. 순태와 이야기하면서 미국 알코올중독 치료 12단계 중 첫째 단계인 '내 힘으로는 어쩔 수 없습니다'가 생각났습니다.

어린 시절 사랑 결핍과 연관된 중독을 치유하기는 정말 어렵다고 합니다. 순태만 보아도 그렇습니다. 한 번만 더 걸리면 퇴학당하는 것을 뻔히 알면서도 참지 못하고 반복했습니다. 이것은 뇌를 다시 세팅해 재배열하는 것만큼 치유 과정이 힘들다고 합니다. 중독에서 벗어나려면 자신이 피하고 싶은 일들을 아프게 직면해야 하는 고통이 수반되기 때문입니다.

중독은 내 의지는 없고 다른 대상에 극단적으로 의존하는 마음 상태입니다. 그 대상으로 요즘 청소년에게는 게임과 휴대전화, 그리고 담배의 비중이 높습니다. 순태는 담배가 피우고 싶으면 순간 정신이 혼란스럽다고 했습니다. 그래서 매번 노출된 상황에서 피우다가 적발되었습니다. 담배 없이는 심리적 안정을 얻을 수 없는 상태에 이른 것입니다.

순태에게 담배가 어떤 의미인지 물으니 담배는 자기를 해치는 존재라고 했습니다. 폐활량이 줄어들고 피부질환이 있으며 성장을 방해한다고 했습니다. 하지만 힘들 때 안심하게 해주고 친구들과 친화력이 생기는 데도 도움이 되었다고 했습니다.

심리학에서는 이런 의존이 유아기에 시작된다고 봅니다. 어린 시절 결핍을 이야기하는 것입니다. 어린 시절 엄마와 충분히 교감하지 못해 사랑 욕구를 채우지 못한 아이는 자라면서 뭔가 허전한 마음에 다른 대상에 대해 취약성을 가지게 된다고 합니다.

어떤 대상에 대한 극단적 의존에서 벗어나기는 정말 힘들다고 합니다. 콤플렉스가 자신의 불안과 순간 연결되어 급소를 공격하기 때문입니다. 그래도 중독에서 해방되기 위해 시도해볼 만한 것이 있다면 긍정적 중독을 시도해보아야 합니다. 예를 들면 운동 중독, 여행 중독 같은 것입니다. 이것은 물리적으로 머무는 새로운 정거장을 만드는 것입니다.

solution

❶ 중독은 아주 짧은 순간 마음의 안정을 주지만 그 대가는 처절합니다.

❷ 중독은 온전히 내가 해결해야 할 부분을 외부 대상에서 해결하려는 병적인 의존 상태입니다.

❸ 안타깝지만 중독 문제는 자기 힘으로 해결하기가 어렵습니다. 자기도 어쩔 수 없는 공간으로 환경을 바꾸어 긍정적 중독에 빠지는 습관을 만들어봅니다.

지나치게 게임에 빠져있다고
생각한다면 이렇게 해보자

절제력을 기르는 방법 중 하나로
심리학에서는 '무력한 채 머물러'보는 활동을 권합니다.
자신의 억울함을 통제하지 않고 어떤 감정적 대응도 하지 않으며
그냥 '무력한 채' 있어보는 것입니다.

준영이는 초등학교 5학년 때부터 게임의 즐거움을 알아서 그때
부터 공부하는 시간과 수업시간에도 게임 생각만 했습니다. 주
로 마인크래프트라는 게임을 했는데 하루에 5시간 정도 하고 심
지어 방에 숨어서까지 했습니다. 주말에는 하루 종일 했는데 너
무 재미있었습니다.

그때부터 엄마 잔소리를 듣기 시작했으며, 마음속에서는 게임을 그만해야지 했지만 머릿속에서는 게임 생각만 했습니다. 학교에서 친구들이 모이면 게임 이야기만 했고 게임을 잘하면 아이들에게 인정받았습니다. 학교 수업이 끝난 뒤 친구들과 만나면 피시방에서 게임만 했습니다.

절제력은
마술 지팡이다

준영이는 작년에 e스포츠영재교육센터에서 실시한 게임 과몰입 프로그램에 참여했는데 중학교에 입학한 뒤 다시 만났습니다. 준영이는 중학생이 되더니 아주 의젓해졌습니다. 감색 청바지와 짧은 머리가 잘 어울리고 뭔가 자신에 찬 표정이었습니다.

준영이가 상담하면서 가장 자신 있게 사용한 단어는 중학생에게 어울리지 않는 절제력이라는 말이었습니다. 마치 그 단어가 깨달음을 준 것처럼 말했습니다.

예전에는 공부하면서 게임 생각만 했는데, 지금은 절제력을 배워서 공부하는 시간에는 게임을 절대 하지 않는다고 몇 번이나 자랑스럽게 이야기했습니다. 어떻게 해서 바뀌었는지 궁금하다고 하니까 원래 선생님들은 게임을 좋지 않게 여기는데 여기 계신 선생님들이 게임을 좋게 받아들여서 그런 것 같다고 했습니다. 그리고 여기서 배웠듯이 게임할 때는 게임만 하고, 공부할 때는 공부만 하는 버릇을 실생활에서 많이 적용하고 있다고 했습니다.

인간이 다른 동물과 구별되는 최고 덕목 중 하나가 '절제력'이라고 합니다. 절제력을 갖게 되면 자신이 생각지도 못한 더 넓은 세계와 만나는 마술 지팡이를 갖게 되는 것과 같습니다. 인간이 호모 사피엔스로 진화한 것도 위험한 환경을 인내와 절제로 극복하며 진화해왔기 때문입니다.

게임은 아이들에게 마라톤에서 느끼는 환희, 즉 러너스 하이를 느낄 정도로 강력한 취미 활동입니다. 그럼에도 준영이가 말한 절제력을 생각보다 어렵지 않게 교육했습니다. 공개된 장소에서 수업시간처럼 게임을 한 것입니다. 영어도 게임영어로 아이들 눈높이에 맞추어 했고, 중간 한 시간은 실제로 팀을 만들어 게임에 집중하게 했습니다. 그리고 마지막 시간에는 전 시간에 게임한 것을 글로 써보면서 시간을 구분했습니다.

물론 처음에는 쉽지 않았습니다. 총 9회 수업에서 3회까지 구시렁구시렁하고 컴퓨터를 끄지 않고 반항하는 아이도 몇몇 있었지만 4회부터는 자연스럽고 당연하게 게임을 멈추고 다른 활동으로 넘어갔습니다. 또 하나 자신이 하는 것을 이해해준 것도 절제력을 기르는 데 도움이 되었다고 했습니다.

준영이는 예전에는 게임을 조금만 하다가 끝내려고 게임 시간을 정해놓지 않았습니다. 그래서 엄마가 게임을 끝내라고 하면 '5분만'이라는 말을 반복했습니다. 그러면 엄마 목소리가 점점 더 커졌는데, 준영이는 그 상황을 이렇게 표현했습니다. "묘하게 게임을 시작하자마자 엄마가 화를 많이 내고 얼굴을 찡그리셨습니다. 방금 게임을 시작했는데 하는 생각에 억울함이 점점 쌓였습니다."

그래서 지금은 시간을 정해놓고 게임을 한다고 했습니다. 할 일이 끝나면 게임을 할 수 있다는 생각에 딱 그만둔다고 했습니다. 또 게임을 하려면 지금 하는 일을 끝내면 된다고 생각하니까 절제력이 생겼다고 했습니다.

**무력한 채로
있어보자**

준영이는 요즘 부모님들이 아이들이 게임을 막 시작하려고 하면 컴퓨터를 끄라고 하시는데 그러면 아이들이 억울할 것 같으니 아이들에게 게임을 몇 시까지 할지 물어보거나 아니면 할 일을 끝냈느냐고 물어보면 아이가 조금씩 고쳐나갈 수 있을 것 같다고 했습니다.

요즘 자신은 예전보다 성적이 조금 올랐고, 친구들과도 관계가 좋아졌으며, 부모님과는 예전에 게임을 많이 해서 자주 싸웠는데 지금은 관계가 꽤 좋아졌다고 했습니다. 그러다보니 엄마와 사이가 좋아진 것이 가장 좋다고 했습니다. 전에는 그러지 못했다고 했습니다.

준영이에게 앞으로 해야 할 일을 물었습니다. 현재 평균 79점인 성적을 85점으로 올리고 싶다고 했습니다. 특히 국어를 조금 더 많이 공부해서 90점 정도로 올리고 싶고, 운동을 하루에 한 시간 정도 하겠다고 했습니다. 그리고 조금씩 절제를 더해서 게임은 생각날 때마다 하는 것이 아니라 시간 계획을 세워서 하겠다고 했습니다.

준영이는 그때 프로그램을 더 많이 했으면 좋았을 텐데 너무 짧아서 아쉬웠다고 했습니다. 그런데 지금은 게임을 한번에 확 줄이지는 못하니까 조금씩 줄이겠다고 부모님께 말씀드렸고, 실제 실천하고 있다고 했습니다. 친구들과도 게임할 때는 게임만 하고, 공부나 숙제를 할 때는 게임을 신경 쓰지 않게 되었다고 했습니다.

준영이는 상담을 마치면서 기분이 상쾌하고, 다른 선생님이나 학교 상담실에서는 이런 상담을 받아본 적이 없는데 재미있었으며, 집에 가면 더 절제하려고 노력하겠다고 했습니다.

절제력을 기르는 방법 중 하나로 심리학에서는 '무력한 채 머물러'보는 활동을 권합니다. 다른 사람이 자신을 공격해도 회피하지 않고 부인하지 않으며 그대로 당하는 것입니다. 자신의 억울함을 통제하지 않고 어떤 감정적 대응도 하지 않으며 '무력한 채' 있어보는 것입니다. 이것을 실천하게 되면 아이가 '5분만'이라는 단어로부터 올라오는 감정에 휩싸이지 않는 지혜를 얻게 됩니다. 이것은 또한 부처님이 제자들에게 설법한 세상에서 제일 힘센 '인욕'을 체득하는 방법이기도 합니다.

solution

❶ 남자아이를 키우는 부모라면 모두 걱정하는 것이 바로 게임입니다.

❷ 실제로 아이들은 게임 때문에 공부를 등한시하는 경우가 많습니다.

❸ 게임을 멈추게 하는 방법 중 하나가 아이에게 게임을 그만하라고 다그치지 않고 무력한 채 머물러보라고 하는 것입니다. 이것을 실제로 해보면 아이가 당황하며 먼저 다가오는 모습을 보게 됩니다.

왠지 늘 가슴이 답답하고 힘들다면

자기 자신의 기분을 확인하는 습관을 들이기 바랍니다.

자신에게 관심을 보이면 좀더 나은 사람이 될 수 있습니다.

친구와 관계 맺기가 어렵다면 이렇게 해보자

숨기고 싶은 이야기를 털어놓으면 마음이 훨씬 가벼워진다

자신을 긍정적으로 바라보면 놀라운 변화가 일어날 것이다

비교는 우리 밥그릇에 독극물을 넣는 것과 같다

그래도 가족이 있어 행복하다. 가족은 버팀목이다

때로는 엄마, 아빠가 문제를 일으키는 주범이다

가족 때문에 힘들다면 이렇게 해보자

5장

관계 맺는 방법을 알면 더는 외롭지 않다

친구와 관계 맺기가 어렵다면
이렇게 해보자

·
·
·

친구의 마음을 알고 싶다면 먼저 손을 내밀어야 합니다.
친구와 규칙적으로 대화하는 것은 규칙적으로 운동하는 것과 같습니다.
대화는 친구와 또 다른 세상을 연결해주는 다리가 됩니다.

상민이는 친구 관계로 고민이 많습니다. 친구들에게 따돌림을
당해 전학을 고려했습니다. 이런 고민은 초등학교 3학년 때 노
원에서 강남으로 이사한 뒤부터 시작되었습니다. 부모님이 형을
공부시켜야 한다며 강남으로 이사했는데, 상민이는 전학한 뒤
공부를 잘 따라가지 못해 따돌림을 당했습니다.

대인관계는 후천적으로도
충분히 개발된다

예의 바르고 밝아 보였던 상민이가 친구 관계 때문에 고민을 한다는 것이 뜻밖이었습니다. 상민이는 학년이 올라갈수록 아이들과 점점 멀어졌다고 했습니다. 상민이는 점점 학교 가기가 무서워서 선생님과 집에 이야기해보았지만 형식적으로 상황을 모면하는 데 치중하는 느낌을 받아서 더는 말하지 않았고, 지금까지 혼자 답답해하며 부정적인 관계 습관을 만들어갔습니다. 새로운 친구를 만나도 자신은 여전히 예전의 배역으로 역할을 반복했습니다.

상민이에게 이야기를 나누었으면 하는 것이 무엇인지 물었더니 역시 '대인관계'라고 했습니다. 그리고 현재 자신의 대인관계 상태는 중간 정도라고 평가했습니다. 중간 정도가 무슨 의미인지 물었더니 상대방과 처지를 바꾸어 생각해보는 것이며, 이것이 자신의 큰 장점 같다고 했습니다. 반대로 자기가 한 말을 지켜야 하는데 그러지 못하고 약속을 어기는 것이 자신의 단점이라고 했습니다.

친구와 어느 정도 친해지면 왠지 나에게 피해를 줄 것 같아 미리 약속을 깨고, 약속 날짜가 다가오면 가기 싫어져 핑계를 대며

늦거나 피해버린다고 했습니다. 친구들이 자기를 우습게 볼 것 같아서 먼저 버리는 방법을 선택한 것입니다. 예를 들면 친구들과 홍대에서 다섯 시에 만나기로 하면 늘 가장 나중에 가고 늦는 경우가 많았다고 했습니다. 계속 약속을 지키지 않으면 어떻게 될 것 같은지 물으니 남들에게 비난받고 어떤 모임에도 끼워주지 않으며 버려질 것 같다고 했습니다.

이루고 싶은 친구 관계가 무엇이냐니까 약속을 지키고 믿음 가는 말을 하면서 사람들과 관계를 좋게 유지하고 싶다고 했습니다. 그렇게 되면 다른 사람이 나에게 의지할 수 있고 무슨 이야기를 해도 거짓이 없어서 좋을 것 같다고 했습니다.

대인관계를 유지하는 데 장애물로 '노는 것'을 좋아하고 사람 간의 약속을 가볍게 여기며 쓸데없이 여유를 가지는 것이라고 했습니다. 앞으로는 약속을 소중히 하고 말보다는 행동으로 실천하겠다고 했습니다.

대인관계는 어릴 적 경험이 중요하며 성인이 되어서도 관계 형성에 영향을 미칩니다. 또한 대인관계는 후천적으로도 개발되고 배울 수 있습니다. 하지만 자신이 받은 상처를 가슴에 돌덩이처럼 매달아놓으면 변화할 수 없습니다. 아이들 가슴에 매달려 있는 돌덩이를 제거하는 데는 진솔한 대화가 해결의 실마리가 될 수 있습니다.

규칙적인 대화는
규칙적인 운동과 같다

상민이는 고개를 숙이며 자신은 늘 형보다 뒷전이었으며, 형과 비교해 무시하는 것이 억울하고 외로웠다고 했습니다. 하지만 그동안 관계를 맺어온 부정적 생각을 되돌아보며 '아! 그랬구나' 하는 것을 아는 것만으로도 시원하다고 했습니다.

상민이에게 '시원하다'의 반대는 무엇인지 물으니 덥고 답답한 것이라고 했습니다. 답답했던 기억이 무엇이냐고 하니 초등학교 때 다른 친구들은 공부를 많이 해서 진도를 잘 따라갔지만 자신은 그들과 다르게 늦었다고 했습니다. 진도를 따라가지 못해 놀림도 받았으며 분위기에 잘 적응하지 못해 답답했다는 어린 시절 이야기를 쏟아냈습니다.

상민이는 밝은 집을 짓는 건축가가 되는 것이 꿈이라고 했습니다. 미래로 떠나 꿈을 이루고 성공한 상민이가 지금의 상민이에게 해주고 싶은 말이 있으면 해보라고 하니 "상민아, 때로는 지치고 힘들어도 매사에 부정적으로 생각하지 않고 긍정적으로 이겨냈으면 한다. 평범함 속에 비법이 있기 때문이다"라고 전해주고 싶다고 했습니다.

상담을 마치면서 자신을 되돌아보고 어떤 생각을 하며 살았는지 느꼈다고 했습니다. 앞으로 자신을 위해 노력하며 친구들과 한 약속을 잘 지키고, 꿈을 위해 열심히 하겠다고 했습니다. 대인관계는 '자신에게 계속 큰 숙제' 같다면서 헤어졌습니다.

아이 마음을 알려고 한다면 밖이 아니라 안으로 손을 내밀어야 합니다. 규칙적으로 아이와 이야기하게 되면 마치 규칙적인 운동처럼 아이 마음을 잘 지켜주고 아이에게 또 다른 세상을 연결해주는 다리가 됩니다.

다른 사람과 관계로 힘들어하는 사람은 관계를 회복하기 위해 먼저 자신을 바라보는 연습이 필요합니다. '저 사람 때문에' 하는 생각이 들면 먼저 그 사람을 탓하기 전에 이렇게 힘들어하는 이 마음이 무엇인지 관점을 바꾸어 생각해봅니다. 그리고 자신에게서 그 이유를 3가지 찾아서 써봅니다. 관계 개선의 열쇠가 자신에게 있음을 깨닫게 될 것입니다.

solution

❶ 대인관계는 허구적 상상과 연결되어 있습니다. '저 사람이 나를 이렇게 생각할 것이다'라며 내 생각이 옳다고 상상하는 것입니다.

❷ 이는 인지적 오류이며 오류만 바꾸면 바로 개선이 가능한 부분입니다.

❸ 먼저 다가가 하고 싶은 이야기를 자신 있게 해보기 바랍니다. 간단한 행동이지만 대인관계를 바꾸는 결정적 요소입니다.

숨기고 싶은 이야기를 털어놓으면
마음이 훨씬 가벼워진다

• • •

사랑은 무겁게 다가가면 멀리 도망가는 특성이 있습니다.
놀이로 가볍게 다가가봅니다.
팔씨름, 동전 숨기기 등 어떤 놀이도 좋습니다.
놀이를 하고 나면 놀이의 위력을 실감하게 될 것입니다.

고등학교 1학년인 종민이가 엄마와 같이 교장실을 찾았습니다.
엄마는 종민이가 학교에 가려 하지 않는다고 했습니다. 자신은
항상 다른 사람을 배려하는데 상대방이 자기를 무시하는 느낌이
든다며 성질을 낸다고 했습니다. 특히 엄마와는 반항심 때문인
지 자주 싸운다고 했습니다.

힘들어하는 아이에게
잔소리는 아무 효과가 없다

반바지 차림에 안경을 쓰고 흰 마스크를 한 종민이는 부끄러운
지 교장실 앞에서 한참 망설이다가 들어왔습니다. 책상 서랍에
서 초코과자를 꺼내 주니까 덩치가 큰 종민이가 더운지 물을 달
라고 했습니다.

물을 마시고 상담 테이블로 자리를 옮겨 팔씨름을 했습니다.
손이 두툼하고 힘이 아주 세서 운동을 했냐고 물었더니 씨름과
권투를 했다고 했습니다. "그렇구나. 대단한데"라고 칭찬해주었
습니다.

종민이는 유아기에 가장 가까운 엄마와 감정적 유대관계를 제
대로 형성하지 못한 전형적인 모습을 보였습니다. 이런 경우에
애착 대상에게 분노와 공격으로 관심을 바꾸어 표현하는데, 초기
친밀 관계에서 오는 심리적 문제를 해결하려면 그러한 감정도
자신의 일부임을 인정하고 받아들여야 합니다. 이 받아들임 과정
은 성난 파도와 같아서 자신과 주변을 힘들고 지치게 합니다.

이런 어려움을 호소하는 아이들에게는 잔소리를 하기보다 귀
를 기울여 이해하고 기다려주는 것이 가장 좋은 치료제입니다.
영국의 정신과의사 볼비는 생애 초기에 맺는 애착관계의 질이

한 개인의 인생에서 부닥치는 모든 관계에 영향을 미친다고 했습니다. 또 그 시기에 결핍된 감정이 다른 어떤 것으로도 채워지지 않아 힘들어한다고 했습니다.

종민이에게 지금 기분이 어떤지 물으니 '좋음'이라고 대답했습니다. 살면서 기분 좋았을 때는 가족과 함께 미국 여행을 갔을 때라고 했습니다. 미국 서부를 차를 렌트해서 돌아다닐 때 기분이 무척 좋았다고 했습니다. 또 아르바이트를 해서 월급이 들어왔을 때도 좋았다고 했습니다.

이어서 '좋음'의 반대를 물었더니 '짜증'이라고 하기에 짜증났던 적에 대해 이야기했습니다. 선생님들 때문에 짜증났는데 좋았던 선생님도 있었지만 트러블이 많고 전혀 말이 통하지 않는 선생님들도 있었다고 했습니다.

그리고 중학교 2학년 때부터 왠지 모르게 반항심이 들어서 가족과 많이 싸웠다고 했습니다. 이때부터 말이 잘 안 통해 친구들과 놀면서 스트레스를 풀었다고 했습니다. 또 시험 때문에도 답답했다고 했습니다. 공부를 열심히 했지만 너무 힘들어서 놓았다고 했습니다. 종민이는 짜증났던 것들을 이렇게 말하고 나니 속이 시원하다고 했습니다.

190

숨기고 싶은 이야기를 나누면
마음이 가벼워진다

기분이 좋아진 종민이에게 꿈이 무엇이냐고 하니 방송 제작 관련 일을 하고 싶다고 했습니다. 그리고 돈을 많이 벌어 친구들과 여행을 다니며 힐링하고, 하고 싶은 일을 하면서 살고 싶다고 했습니다. 이런 꿈을 이루는 데 장애요소는 방송 제작 과정을 배워야 하기 때문에 대학과 공부라고 했습니다.

각각 해결책을 말해보라고 하니 방송 제작 쪽 일을 배울 수 있는 곳을 찾아보겠다고 했습니다. 공부에 공짜는 없는 것 같으니 대학은 노력이 필요하다고 했습니다.

20대 중반에 꿈을 이루고 싶다는 종민이에게 20대 중반의 종민이가 지금의 종민이게 해주고 싶은 말을 편지 형식으로 써보라고 했습니다.

"일단 항상 목표를 두고 움직였으면 좋겠다. 모든 것을 떠나 가장 중요한 것은 자기가 진짜로 하고 싶은 일이나 흥미가 있는 일을 직업으로 삼아서 하는 것이다. 네가 열일곱 살이면 아직 꿈을 찾지 못했을 수도 있겠지만 꿈을 찾으면 계획을 세우고 실천하는 것이 가장 중요하다. 나도 방송 관련 일을 하고 싶어 그걸 배울 수 있는 학교에 갔고, 원하는 일을 배워 지금 하고 싶은 일을 하면서 살고 있다. 항상 꿈의 중요성을 생각하자."

자신이 어떤 사람인 것 같은지 물어보니 생각이 많은 사람, 집중을 잘할 수 있는 사람 같다고 했습니다. 종민이는 상담을 마치면서 속마음을 다 이야기할 수 있어 진심으로 좋았다고 했습니다. 무슨 말을 할지 고민도 되었지만 숨겼던 것들을 다 털어놓았다고 했습니다.

아이와 생애 초기 사랑 관계를 회복하고 싶다면 다음과 같은 모험놀이가 도움이 됩니다. 먼저 100원짜리 동전을 준비한 뒤 아이에게 눈을 감으라고 합니다. 그리고 두 손 중 한곳에 동전을 숨긴 다음 아이에게 눈을 뜨고 동전이 어느 손에 있는지 찾게 합니다. 이때 아이가 자신의 두 손으로 동전이 있다고 생각하는 손을 뒤집게 합니다. 손을 뒤집어서 동전을 찾든 못 찾든 어린 시절로 돌아간 환한 아이의 얼굴을 볼 수 있습니다.

자신을 긍정적으로 바라보면
놀라운 변화가 일어날 것이다

．
．
．

구체적으로 자신을 괴롭히는 부정적 생각을 꺼내
긍정적 문장으로 바꾸어봅니다.
'나는 왜 이렇게 하는 일마다 안 되지'를
'나는 왜 이렇게 하는 일마다 잘되지'로 바꾸는 식입니다.
기적을 체험할 겁니다.

재홍이는 게임을 잘하고 싶은데 마음대로 안 되자 무단결석을
했습니다. 수업을 따라가지 못하니 수업시간에 잠을 자게 되었
고 학교는 이제 의미가 없는 듯 보였습니다. 자퇴하고 검정고시
를 본 뒤 자신이 좋아하는 것을 하고 싶다는 재홍이가 걱정된 담
임 선생님이 상담을 의뢰했습니다.

도망가고 싶은 회피기제는
호시탐탐 공격을 준비하고 있다

재홍이가 학교에 왔다고 연락했기에 오후 수업을 마치고 만났습니다. 교복을 단정하게 입고 안경을 쓴 재홍이가 교장실로 들어왔습니다. 목소리가 작고 차분한 재홍이에게 빵과 음료를 먹게한 다음 자리를 상담 테이블로 옮겼습니다.

재홍이와 먼저 꿈 이야기로 시작했습니다. 재홍이는 프로게이머가 되는 것이 꿈인데 롤을 하는 사람이라면 누구나 롤 등급인 '다이아'가 되고 싶어한다고 했습니다. 이 꿈을 이루는 데 장애물이 무엇인지 물었더니 자신의 '복통'이라고 했습니다. 또 손에서 유난히 땀이 많이 나서 보드나 마우스를 자주 닦아야 한다고 했습니다.

긴장하면 복통이 지속되고 집중하면 복통이 멎는다고 하기에 복통을 직면하는 감정 조절 훈련을 했습니다. 먼저 문장을 만들었습니다. "나는 비록 복통이 일어났을 때 짜증이 나지만 그럼에도 그런 나를 온전히 마음속 깊이 사랑합니다"라고 쓰고 반복해서 여러 번 읽었습니다. 그런 다음 다시 "나는 복통으로 인한 짜증보다 집중을 선택한다"는 다짐을 만들어 짜증날 때마다 이 문장으로 생각을 전환하기로 했습니다.

이렇게 긍정 문장을 확언하고 나서는 앞으로 승패에 상관없이 게임할 때는 더욱 집중하겠다고 다짐했습니다.

재홍이는 앞에 놓인 현실의 문제를 감당하기 힘들어했습니다. 그리고 그것을 직면하지 못하고 스스로 한계를 느껴 어디론가 도망가고 싶은 충동을 느끼는 것입니다. 이는 힘든 문제를 방어하는 회피기제로 어린 시절 엄마에게서 원하는 것을 얻지 못했을 때 형성된다고 합니다. 이렇게 만들어진 부정적 감정을 제때 처리하지 못하면 일상에서 만나는 문제에 도전하지 못하고 도망가는 방식으로 대응합니다.

학교에 가고 싶지 않다는 생각은 청소년 시절 누구나 한두 번은 해보았을 것입니다. 이런 생각은 초기에 잘 대응하면 언제 그랬냐는 듯 사라지지만 방치하거나 제대로 대처하지 못하면 작은 고통에도 참지 못하는 겁먹은 아이가 됩니다. 회피기제는 겁먹은 아이의 마음을 공격하려고 호시탐탐 노립니다. 성적, 친구 등 문제가 발생하면 정확하게 약점을 발견해 '학교 가지 마' '담배 피워' '게임해' 하며 공격을 시도합니다.

그리고 아이가 아무것도 하지 못하게 만들어버립니다. 이런 부정적 회피 감정이 중심 생각으로 자리 잡지 못하게 해야 합니다. 그래서 아이가 회피하는 조짐이 보이면 초기에 대응을 정말 잘해야 하는데 무심코 속사포처럼 잔소리를 늘어놓으면 안 됩니다. 가장 좋은 방법은 평소 편안하게 믿고 이야기할 수 있는 분위기를 만들어주는 것입니다.

부정적 감정이 올라올 때마다
일단 알아차려보자

재홍이가 불안해하기에 화제를 돌려 어린 시절로 돌아가면 무엇을 배우고 싶은지 물었더니 피아노를 배우고 싶다고 했습니다. 피아노를 연주하는 모습이 멋있고 피아노 음이 듣기가 좋다고 했습니다. 나도 어린 시절로 돌아가면 배우고 싶은 것 중 하나가 '피아노 치기'라고 했습니다. 피아노를 치며 노래 부르는 모습이 멋있어 보여서 그렇다고 했습니다.

피아노를 배워 잘 치게 되면 어떤 기분이 들 것 같은지 물으니 당당해질 것 같다고 했습니다. 평소 당당했던 기억을 꺼내어 이야기를 나누었는데 초등학교 영어시간에 자신 있게 발표했을 때 당당했다고 했습니다. 게임을 처음 시작했을 때 친구들에게 못한다는 소리를 들었는데 그 소리가 듣기 싫어서 혼자 많이 연습해서 친구들에게 인정받았을 때도 좋았다고 했습니다. 이렇게 어린 시절 성공 기억을 이야기하다보면 묻혀 있는 자신감을 회복하는 데 도움이 됩니다.

지금 기분을 물으니 여전히 '두렵다'고 했습니다. 그래서 두려운 기억에 대해 구체적으로 이야기했습니다. 게임에서 질까봐 솔직히 두렵고 게임에 졌을 경우 그 점수로 복구하려면 최소 두 게임을 이겨야 한다는 압박감이 두렵다고 했습니다. 그래서 점점 게임하는 것을 피하게 되었으며 게임을 잘할 수 있었지만 소극적으로 플레이하게 되었다고 했습니다.

게임을 계속 이런 식으로 하면 레벨이 떨어지는데, 그러면서 내가 왜 이럴까 하는 생각이 들고 자신한테 실망하게 된다고 했습니다. 그래서 요즘은 다른 게임을 하는데 또 이런 일이 계속되면 꿈을 이루지 못하게 될까봐 두렵다고 했습니다.

상담을 마치면서 "내가 좋아하는 일이 있어서 다행인 것 같다"고 의미 있는 이야기를 했습니다. 앞으로 자기가 좋아하는 게임을 피하지 않고 좀더 몰입하겠다고 했습니다.

상담이 끝나고 한 달쯤 지난 뒤 재홍이가 학교에 결석하지 않고 잘 다닌다는 연락을 받았습니다. 속내를 편안하게 털어낸 뒤 마음이 좀 가벼워진 모양입니다.

등교를 거부하는 아이들이 점점 늘고 있습니다. 관심을 가지고 자주 이야기하는 것만으로도 회피기제가 발동하는 순간을 막고 다른 생각으로 바꾸는 힘도 갖게 됩니다. 사랑의 반대말은 미움이 아니라 '무관심'이라고 합니다. 관심이라는 단어가 진부해 보이지만 세상에서 가장 좋은 약입니다.

부담스러운 일을 회피하고 싶은 부정적 감정이 올라올 때 이 것을 긍정적 연료로 바꾸는 방법이 있습니다. 구체적으로 자신을 괴롭히는 부정적 생각을 꺼내 긍정적 문장으로 바꾸는 것입니다. '나는 왜 이렇게 하는 일마다 안 되지'를 '나는 왜 이렇게 하는 일마다 잘되지'로 바꾸고 '나는 운이 없다'를 '나는 운이 좋다'로 바꾸어 종이에 씁니다. 그리고 하던 일을 잠시 멈추고 1분 정도 바꾼 문장을 작은 소리로 자기 자신에게 반복적으로 말해 봅니다. 이것을 하루 세 번 이상 해보면 좋습니다. 내 생각이 바뀌면 모든 것이 바뀌는 신기한 체험을 하게 될 것입니다. 분명 말에는 힘이 있고 에너지가 흐릅니다.

solution
1 부정적 감정을 알아차리는 연습을 편안히 하루에 한 번 정도 해봅니다.
2 의식적으로 자기 행동을 보는 것 자체만으로 자신에 대해 이해도 되지만 더 신기 한 것은 다른 사람을 이해하게 된다는 것입니다.
3 오늘 당장 자기 전 이불 속에서 부정적으로 생각한 것을 문장으로 만들어 조용히 세 번 말해봅니다. 내 마음이 바뀌면 다른 모든 것에 관심을 두게 되는 신기한 경 험을 할 것입니다.

비교는 우리 밥그릇에
독극물을 넣는 것과 같다

.
.
.

당신에게 질문을 하나 하겠습니다.
"당신은 무엇을 가장 재미있어 합니까?"
이 질문에 진심으로 대답하다보면
당신은 아주 강인하게 세상에서 살아남게 될 것입니다.

미용 관련 고등학교 1학년인 준석이가 머리 때문에 학교를 그만 두겠다고 했습니다. 두발 자유화가 된 지 오래되었고 심한 염색만 아니면 뭐라고 하는 사람도 없는데 뭔가 말 못할 다른 이유가 있겠다 싶었습니다.

알고 보니 미용 샴푸수업 중 서로 머리를 감겨주어야 하는데 준석이는 자기 머리를 다른 사람에게 맡기고 싶지 않다고 했습니다. 서로 머리를 감겨주는 대수롭지 않은 일에 학교까지 그만둔다고 하니 속내가 궁금했습니다.

다른 사람을
곁눈질하지 말자

캐나다에서 태어난 준석이는 한국에 온 지 2년 되었습니다. 중학교 2학년 때 엄마에게 떼를 써서 한국으로 왔습니다. 가족 중 공부를 못하는 사람은 자기밖에 없는데, 한국에서 예체능 쪽으로 성공해서 돌아오겠다고 부모님을 설득했습니다. 그런데 한국 학교에 잘 적응하지 못해 국제학교에 다니다가 특성화고에 입학하는 과정을 거쳤습니다.

준석이는 캐나다에서 친구들과 야구할 때가 가장 즐거웠으므로 국제학교에서도 야구부에 들어갔습니다. 야구를 계속하면서 운동 쪽으로 진로를 생각해보았지만 작은 체구로는 한계를 느껴 미용으로 진로를 바꾸었습니다.

준석이는 자라면서 가족이나 친척들에게서 비교당한 경험이 깊은 상처로 남았습니다. 그리고 그 과거가 현재진행형으로 매일 꿈틀거렸습니다. 준석이는 형제와 친척을 통틀어 자기만 공부를 못한다고 했습니다. 할아버지 집에 모여 가족행사를 할 때면 다른 사람들이 자기 말을 무시하고, 마치 자기가 없는 것처럼 행동해서 화가 많이 났지만 그렇다고 티를 낼 수도 없어서 혼자 속앓이를 했습니다. 너무 화가 나고 짜증이 나서 손발이 떨릴 정도였습니다.

그래서 점점 준석이는 생각 없는 사람처럼 행동하고 막 살다가 어느 날 집에서 아빠와 몸싸움을 하는 과정에서 이마에 상처가 났습니다. 이 사건이 자기가 집에서 빠져나올 수 있는 기회가 되어 정말 다행이라고 생각했습니다.

지금은 가족이랑 떨어져 있어서 더 나은 것 같다고 했습니다. 싸울 일도 없고 비교되는 분위기가 아니라서 너무 좋다고 했습니다.

준석이를 보면서 비교는 아이 밥그릇에 독극물을 넣는 것과 같다는 생각이 들었습니다. 비교는 정신적 마약같이 아이에게 열등감과 무기력감을 안겨줍니다. 다른 사람을 곁눈질하다가 내 아이의 타고난 재능의 싹을 잘라버리는 것입니다. 외국에서 성공한 전문직 부모를 둔 준석이가 그 기준에 못 미치면서 받은 아픔은 어린 나이에도 불구하고 바다를 건너 떠나오게 만들 정도였습니다.

잘못된 질문에는
잘못된 대답이 나온다

준석이는 사람들을 만족시키는 헤어 디자이너가 되고 싶다고 했습니다. 꿈을 이루는 데 장애물이 무엇인지 물으니 이마에 조그만 상처가 있는데 남한테 보여주기 싫다고 했습니다. 그래서 수업 중 이마를 드러내야 하는 상황이 꺼려져 실습을 마음껏 하지 못하다보니 학교를 그만두어야겠다는 생각까지 하게 되었다고 했습니다. 그렇지만 20대 중반에 성공한 헤어 디자이너가 되어 다른 사람 머리를 만져주게 된다면 힘들게 고생한 보람을 느낄 수 있을 것 같다고 했습니다.

다행히 준석이는 가려진 이마 속 상처 이야기를 끄집어내면서 마음이 안정되었고, 방학 때 병원에 가서 상처를 치료하기로 했습니다. 그전에는 왜 상처를 치료할 생각을 하지 못했는지 바보 같다는 생각도 들지만 사실은 겁이 났다고 했습니다. 학교를 그만두는 것은 상처를 치료한 이후 생각해보기로 했습니다.

잘못된 질문에는 잘못된 대답이 나온다는 말이 생각났습니다. 불안과 걱정에서 볶아대는 잘못된 비교가 아이 인생을 너무 고달프게 할 수 있다는 것을 알았으면 좋겠습니다. 질문은 미지의 세계로 안내해주며 그동안 살았던 것과 다른 장소에서 자신과 조우하게 만들어 한순간 운명을 바꿀 수 있습니다. 자신에게 귀 기울이고 행동하는 자만이 얻을 수 있는 기회입니다.

자, 질문을 하나 하겠습니다. "당신은 무엇을 가장 재미있어 합니까?" 이 질문에 진심으로 대답하다보면 아주 강인하게 세상에서 살아남게 될 것입니다.

solution

❶ 아이에게 하고 싶은 말이 있을 때 한 번 더 생각하는 습관을 들입니다.

❷ 그리고 하고 싶은 말을 질문으로 만들어봅니다.

❸ 일단 하루에 한 번만 질문합니다. 이 질문으로 아이 표정이 달라지고 아이는 생각 주머니를 만들게 될 것입니다.

그래도 가족이 있어 행복하다, 가족은 버팀목이다

. . .

경준이가 한참 말을 하고 나서 '개운하다'고 했습니다.
평소에 과거를 돌아본 적이 없는데 이번 기회에
과거를 돌아보며 자아성찰을 많이 한 것 같다고 했습니다.

고등학교 1학년인 경준이는 학교에 오면 하루 종일 잠만 자고 집에서는 밤새워 게임만 했습니다. 경준이는 지금까지 습관적으로 심리적 불안감이 찾아오면 학교에서는 잠자는 것으로, 집에서는 게임에 손을 뻗으며 두려움을 피했습니다.

특히 경준이의 이런 증상이 고등학교에 올라와서는 더 심해져

서 수업시간에 진도를 따라가지 못하자 학교가 더는 의미 없다
고 생각했습니다.

일단 하고 싶은 일을
가능하게 해주자

경준이는 딱딱하게 굳은 표정으로 교장실에 들어왔습니다. 어색
하게 서 있기에 물과 과자를 주고 슬그머니 팔씨름을 하자고 제
안했습니다. 아이가 팔을 내밀며 손에 힘을 주고는 흰 이를 드러
내며 웃었습니다.

　아이들은 무엇을 해야 할지 모를 때 불안해하고 통제하지 못
하는 감정이 솟아오르게 됩니다. 마음속에서는 자동 강박이라는
심리적 브레이크가 작동하게 됩니다. 이 막힌 에너지를 햇빛처
럼 다시 흐를 수 있게 하는 데는 '하고 싶은 일을 가능하게' 해줄
일이 사소한 것 같지만 매우 중요합니다. 아이들은 이것을 통해
'내가 누구인지' 찾아갑니다.

　나는 아이들이 하고 싶은 일, 좋아하는 일 또는 행복했던 이야
기를 먼저 하게 합니다. 온통 불안을 막는 데 쓰였던 에너지의
흐름을 바꾸어주기 위해서입니다. 말이 없고 잠만 자던 경준

이가 어릴 때 찍은 가족사진, 받아쓰기상 등 행복했던 추억을 이야기하면서 즐거워했습니다. 좋은 음식을 먹고 친구랑 같이 있을 때도 이런 느낌이 든다고 했습니다. 이렇게 계속 좋은 것들이 유지되면 어떻게 될 것 같은지 물으니 열심히 공부해 대학에 가서 하고 싶은 일을 하면서 살 것 같다고 했습니다.

표정이 밝아진 경준이에게 어렸을 때 행복했던 것 3가지를 물었습니다. 가장 먼저, 아주 어렸을 때 가족과 동물원에 갔을 때가 생각난다고 했습니다. 기억은 잘 나지 않지만 그때 아빠와 함께 웃으며 찍은 사진을 보면 가족이 얼마나 행복하게 지냈는지, 동물원에서 얼마나 화목했는지 알 수 있다고 했습니다.

두 번째로 행복했던 일은 유치원에 다니면서 같은 반이던 여자아이한테 첫눈에 반해서 좋아했을 때라고 했습니다. 그 애가 많이 도와주어서 더 좋아했고, 소풍 가면 같이 사진 찍고 놀 때 행복했다고 했습니다.

세 번째로 행복했던 일은 초등학교 때 독서 관련 받아쓰기상을 자기가 휩쓴 것이라고 했습니다. 초등학교 때 엄마가 학교 도서실에서 30분씩 책을 읽고 집에 오라고 하셔서 다른 애들은 집에 가거나 학원에 가는데 자신은 매일 도서실에 갔다고 했습니다. 그 덕분인지 받아쓰기 대회에서 상을 받아서 행복했다고 했습니다.

행복한 느낌은
노력했을 때 얻을 수 있다

경준이에게 아쉬운 점을 물으니 수학 공부를 거의 하지 않은 것이라고 했습니다. 두 번째로 아쉬운 것은 중학교 3학년 때쯤부터 공부를 전혀 하지 않은 것이라고 했습니다. 중학교 3학년 때 기말고사가 끝난 후 뮤지컬, 현장학습 등으로 공부를 하나도 하지 않았다고 했습니다. 뮤지컬은 중 3에게 필수라고 해서 늦게까지 남아서 연습했고, 현장학습이 끝나고 나면 늦게까지 노느라 공부하지 않은 게 아쉽고 후회된다고 했습니다.

고등학교에 올라와서는 흥미 있는 과목만 수업을 듣고 흥미 없는 과목은 집중하지 않고 떠들거나 잠자는 등 수업시간에 충실하지 못한 것이 많이 아쉽다고 했습니다.

경준이가 이렇게 한참 이야기를 하고 나더니 '개운하다'고 했습니다. 평소에 과거를 돌아본 적이 없었는데 이번 기회에 과거를 돌아보며 자아성찰을 많이 한 것 같다고 했습니다. 행복한 느낌은 언제 오는지 물으니 '노력했을 때 얻을 수 있다'고 했습니다. 초등학교 때나 지금이나 바뀐 것은 없지만 게임할 때 어려운 패턴전을 막힘없이 클리어할 때도 개운함을 느낀다고 했습니다.

혹시 아이가 게임만 하고 잠만 잔다면 포기하지 말고 오래된 사진첩에서 즐거웠던 사진을 꺼내 이야기를 나누어보기 바랍니다. 걱정되고 우왕좌왕해 보이는 아이가 소중해질 것입니다.

　이런 방법도 행복을 찾는 데 효과가 있습니다. 자신에게 정말 치명적인 것을 5가지 적어 봉투에 넣습니다. 그런 다음 하루에 하나씩 꺼내 그것이 자신에게 미친 영향을 써보는 것입니다. '정말 이제는 지겨워'라는 말이 나올 때 자신을 보호하는 감각이 다시 살아날 수 있습니다. 부정이 부정을 치유하는 작업으로, 정말 힘들 때 시도해보기 바랍니다.

solution
❶ 가족과 함께 찍은 오래된 사진이 행복의 원천입니다.
❷ 행복은 멀리 있는 것이 아닙니다. 오늘 저녁을 먹을 때 오래된 사진첩을 놓고 이야기를 시작해봅니다. 부정적으로 생각하는 아이를 바꿀 수 있는 기회입니다.
❸ 가정은 아이가 자라는 데 최초로 격려받는 곳임을 명심해야 합니다.

때로는 엄마, 아빠가
문제를 일으키는 주범이다

·
·
·

그 사람과 있었던 일에 대해 자세히 써봅니다.
생각과 감정을 그대로 느끼고 용기를 가지고 쓰다보면
어느새 폭우가 지난 다음 상쾌한 공기를 만들어내듯 개운해질 것입니다.

인근 중학교에 다니는 영철이는 공부를 잘하고 싶고 실제로 나름대로 열심히 하는데 현실적으로 부모님의 기대치를 만족시키지 못했습니다. 엄마의 격려가 오히려 아이의 동기를 고갈시키는 시스템으로 자리 잡은 셈입니다. 즉 엄마가 아이 정신을 빼놓는 사람이 되고 만 것입니다.

영철이가 그동안 공부를 열심히 잘했는데 요즘 힘들어한다며 담임 선생님이 상담을 의뢰했습니다. 담임 선생님은 영철이가 요즘 왜 그러는지, 도데체 무슨 일이 있었는지 궁금하다고 했습니다.

버리고 싶은
엄마 잔소리

안경 너머로 눈치를 보는 영철이와 팔씨름을 먼저 했습니다. 팔씨름을 하면서 힘을 쓰고 나서는 표정이 한결 밝아졌기에 이어서 발등 밟기를 했습니다. 서서 양손을 잡고 발로 발등을 먼저 밟으면 이기는 활동입니다. 영철이는 긴 다리로 발을 민첩하게 움직이며 내 발등을 공격했습니다.

숨을 헐떡이는 영철이에게 꿈이 무엇이냐고 물으니 아직 잘 모르겠다고 했습니다. 그래서 성적 관리, 좋아하는 일 찾아보기, 좋아하는 일 관련 직업 알아보기 등 꿈을 위해 준비해야 할 것들에 대해 이야기했습니다. 좀더 깊이 내가 무엇을 원하는지 생각하는 시간을 가져보자고 했습니다.

살면서 원하든 원하지 않든 생활을 뒤죽박죽 만들어놓는 사람이 주변에 있는데 아쉽게도 그 소동을 일으키는 주범이 부모님인 경우가 많습니다. 영철이 또한 아주 긍정적인 아이인데 엄마의 지나친 기대가 아이를 혼란스럽게 했습니다. 이런 강력한 힘이 지속적으로 작용하면 결국 아이 정신도 같이 빠져서 혼자서는 아무것도 할 수 없는 자기 파괴적인 사람이 될 수 있습니다. 혹시 아이를 위한다면서 고통스러운 춤을 추게 하는 것은 아닌지 깊이 생각해보아야 합니다.

영철이에게 A4 용지에 원을 그리고 원 안에는 지키고 싶은 것, 원 밖에는 버리고 싶은 것을 쓰도록 했습니다. 지키고 싶은 것은 '평균 85점 이상 유지' '친구들과 싸우지 않기' '수업시간에 졸지 않기'라고 썼습니다. 버리고 싶은 것으로는 '화나는 말투와 생각 없이 말하는 것' '엄마 잔소리'를 적었습니다.

지키고 싶은 것을 위해 멋진 계획을 세워보자고 하니 성적은 95점 이상 맞겠다고 했습니다. 그러려면 수업시간에 적극적으로 참여하고 수행평가를 잘 받아야 하며 시험 2주 전부터 공부해야 한다고 했습니다. 이 약속을 지키기 위해 휴대전화를 보이지 않는 곳에 놓겠다고 했습니다. 좋지 않은 집중력을 높이기 위해 조용한 환경을 만들고 하루에 30분씩 하는 게임도 줄이며 게임할 때 욕도 조심하겠다고 했습니다.

영철이는 서른다섯 살 정도에 성공하고 싶다고 했습니다. 성공한 영철이가 지금의 영철이에게 하고 싶은 말은 "노력하면서 무엇을 찾을 수 있을 때 열심히 살아. 그리고 책 좀 읽어"라고 했습니다.

기분 좋은 느낌은
행복을 불러온다

점점 밝아 보이는 영철이에게 지금 기분을 물었습니다. 오늘 새벽에 자다가 깨어서 기분이 별로였는데 오후에 학원이 끝나면 다시 기분이 좋아질 것 같다고 했습니다. 다시 한 번 지금 기분을 물으니 '좋은 기분'이라고 바꾸어 말했습니다.

좋은 기분에 대해 한참 이야기했습니다. 영철이는 마음이 열렸는지 수다쟁이가 되어서 여덟 살 때쯤 가족과 함께 바닷가에 갔을 때가 떠오른다고 했습니다. 주말에 친구들과 함께 게임해서 이겼을 때도 기분이 좋았고 작년에 친구들과 함께 롯데월드에 놀러갔을 때도 기분이 좋았다고 했습니다.

가장 기분이 좋았던 기억은 수행평가를 하느라 집 옥상에서 방울토마토를 키웠는데 잘 익은 방울토마토를 가족과 함께 먹었을 때였다며 뿌듯한 표정을 지었습니다.

유치원에서 글자쓰기를 가장 빨리 했을 때, 집에 가는 길에 200원을 주었을 때도 기분이 좋았으며 이렇게 기분 좋은 생각을 하다보니 다른 좋았던 기억이 같이 떠올라 기분이 더 좋아졌다고 했습니다.

'나쁜 기억'에 대해서도 조금만 이야기해보자고 하니 유치원에서 바지에 쉬를 했다고 손을 머리 뒤로 올리며 부끄러운 표정을 지었고, 초등학생 때 너무 까불거렸던 것이 생각난다고 했습니다. 어제는 배구하다가 친구가 던진 공을 머리에 맞아서 기분이 안 좋았다고 했습니다.

영철이가 친한 친구처럼 나를 대했습니다. 서로의 공통점이 무엇일까 물어보니 영철이가 자신은 착하다면서 선생님도 착해 보인다고 했습니다. 그래서 "우리 성공했네"라고 농담을 건넸습니다. 취미에서 공통점이 나왔는데 바로 '여행'이었습니다. 영철이는 가족과 바닷가에 간 것이 가장 기억난다고 했고 나는 사막지대를 여행한 경험을 들려주었습니다.

상담을 마치면서 '나는 재능 있는 사람이다.' '이제 나는 희망을 받아들인다.' '이제 나는 확신 있게 행동한다'며 긍정적인 자성예언을 만들어 같이 읽었습니다. 영철이는 오랜만에 좋은 일을 기억해서 옛 추억이 떠올랐고, 무엇을 해야 하는지 알게 되었다고 했습니다.

정신을 빼놓는 부모가 되지 않기 위한 자기성찰 방법을 소개합니다. 먼저 드러내는 데 불편했던 묻어버린 상처를 바라보는 용기가 필요합니다. 두 시간 정도 시간을 비워놓습니다. 한적한 나무 밑 벤치에 자리 잡은 다음 자신을 괴롭혔던 세 사람의 이름을 쓰고, 그 중 한 사람과 있었던 일을 자세히 씁니다. 이 연습을 일주일에 한 번 정도 4주간 반복해봅니다. 그러면 점점 의식적으로 자신을 괴롭혔던 괴물을 있는 그대로 볼 수 있고, 그때 바로 알 수 없는 이유로 자신을 힘들게 했던 것이 빠져나가 비로소 그 괴물의 영향력에서 벗어날 수 있습니다.

solution

❶ 자신을 불편하게 하는 사람 때문에 자주 화가 난다면 다음과 같이 해봅니다.

❷ 그 사람과 있었던 일을 자세히 아주 구체적으로 씁니다.

❸ 쓰면서 생각과 감정을 그대로 느끼고 용기를 가지고 쓰다보면 어느새 폭우가 지난 다음 상쾌한 공기를 만들어내듯 개운해질 것입니다.

가족 때문에 힘들다면
이렇게 해보자

.
.
.

동원이를 보면서 가정의 역할이 정말 중요함을 다시 한 번 느꼈습니다.
특히 가정 폭력, 아이 앞에서 벌이는 극단적인 부부싸움은
어린 내면아이에게 치명적입니다.

중학교 3학년 동원이가 점심시간에 학교 담장을 넘다가 걸렸는
데 학생부 선생님이 동원이가 담배를 피우려고 담을 넘었다며
상담을 의뢰했습니다. 동원이는 학생부에 단골로 걸려 오기 때
문에 학교에서 모르는 사람이 없을 정도로 유명인사입니다. 흡
연, 폭행, 절도 등 학교에서 하지 말라는 것만 골라서 하고 벌을

받아도 그때뿐이었습니다.

동원이는 어릴 적부터 알코올중독자인 아빠한테 맞으며 자랐습니다. 지금도 아빠를 보면 무섭습니다. 그로써 동원이는 폭력, 절도, 흡연 등 어디에서부터 손을 대야 좋을지 모르는 합병증에 걸려 있습니다.

게으름은 두려움의
또 다른 표현이다

온몸을 검은색 옷으로 치장한 동원는 키가 크고 마른 체구였습니다. 갸름하고 하얀 얼굴에 목소리가 의외로 차분했습니다. 동원이가 이런저런 얘기를 하면서 긴장이 풀렸는지 눈도 마주치고 여유 있어 보여 살짝 물었습니다. "너에게 가장 큰 장애물이 뭐라고 생각하니?" 동원이는 노력하지 않는 것, 즉 '게으르다'고 했습니다. 동원이는 유치원 때부터 원에 가기 싫어서 잘 안 다녔고, 초등학교 때는 공부하기 싫어서 게으름을 피웠는데 이것이 습관이 된 것 같다고 했습니다.

이 게으름 때문에 시간이 지나면서 학교 규칙에 적응하지 못하고 어긋나기 시작한 것입니다. 동원이는 이것을 '나쁜 짓'이라고 했습니다. 그러면서 나쁜 짓을 많이 했다고 했습니다. 그렇지 않았다면 지금보다 더 성장할 수 있었는데 그렇지 못해서 많이 아쉽다고 했습니다. 나쁜 짓이 무엇을 말하는지 물었더니 '절도와 폭행'을 했다고 했습니다.

동원이는 두려움을 게으름으로 표현했습니다. 보통 게으름 속에는 심리적 저항선이 있는데 심리학에서는 '내면아이'라고 하며 어린 시절에 형성된다고 합니다. 이 심리적 저항선은 사람마다 느끼는 정도가 다르고 반응도 차이가 있습니다. 어린 내면아이에게 긍정적 영향을 주는 대상은 말할 필요도 없이 부모님입니다. 반대로 아이에게 상처를 주는 사람도 부모님입니다.

동원이를 보면서 가정의 역할이 정말 중요함을 다시 한 번 느꼈습니다. 특히 가정 폭력, 아이 앞에서 벌이는 부부싸움은 어린 내면아이에게 치명적입니다. 동원이는 이 상처로 조금만 불안해도 참지 못하고, 담을 넘으면 걸리는 줄 뻔히 알면서도 학교 담장을 반복적으로 넘었습니다. 자꾸 답답했기 때문입니다.

동원이에게 최근 무엇을 생각하는지 써보라고 하니 '여자 친구' '음악' '유학'이라고 적었습니다. 이유를 물어보니 여자 친구를 사귀었을 때 무엇보다 외롭지 않았고 내 편이 되어주어서 좋았다고 했습니다.

동원이는 커서 '음악 관련 사업'을 하고 싶으며 30대에 성공하고 싶다고 했습니다. 또한 성공하려면 학교에 지각하지 않고, 학교에서 하는 공부는 조금이라도 챙기고 보완해야 한다고 했습니다. 또한 중학교 1학년 때부터 더 넓은 곳에 가서 공부하고 싶어 유학을 가고 싶었다고 했습니다.

목적을 찾으면
하루가 재미있어진다

동원이에게 '여자 친구' '음악' '유학' 중 가장 절실한 것이 무엇인지 물으니 유학이라고 했습니다. 유학을 가면 더 많은 경험을 할 수 있고, 좀더 나은 환경에서 공부할 수 있을 거라고 했습니다. 유학을 가서 친구들을 많이 사귀고 음악 분야 사업을 배우며 영어 공부를 더 쉽게 잘하고 싶은데 경제적인 것과 언어가 부족한 것이 장애물이라고 했습니다.

이렇게 이야기를 나누고 나서 지금 기분이 어떤지 물으니 생각한 것에 대해 명확하게 얘기할 수 있어서 좋았다고 했습니다. 표정이 밝아진 동원이에게 팔씨름을 하자고 했더니 힘이 없다고 엄살을 부리며 환하게 웃었습니다.

상담을 마치면서 학교에 다니며 상담과 대화를 하는 것이 쉽게 있는 일이 아닌데 친절히 고민도 들어주고 상담도 해주어서 좋았으며, 앞으로 약속을 지키며 좀더 나은 사람이 되겠다고 했습니다.

아이들이 하루하루를 재미없다고 느끼는 이유는 목적이 없기 때문입니다. 삶에 방향을 잃어버리면 보통 말도 안 되는 환상과 태만으로 그 증상이 표출됩니다. 아주 구체적으로 해결하고 싶은 문제를 3가지 쓰고 그 중 하나를 묘사해보면 걱정을 다르게 볼 수도 있음을 알게 됩니다. 이런 방법은 직면한 문제가 겁이 나기도 하지만 호기심으로 바라볼 수 있게 하는 힘도 갖게 해줍니다.

solution
❶ 재미있는 꿈을 갖는 방법 중 하나로 가상의 삶을 생각해보면 도움이 됩니다.
❷ 가상의 인생을 산다면 무엇을 하고 싶은가요?
❸ 이 질문이 하루하루 의미 없이 보내는 당신에게 재미있는 목표를 가지게 해줄 것입니다.

불안을 자신감으로 바꾸는 방법은 따로 있다

내면의 부정적 생각. 이렇게 극복하자

용기와 두려움 사이에서 우리는 어떻게 해야 할까?

현명한 사람만이 도움을 요청할 수 있다

도움을 청하는 건 비겁한 것이 아니라 현명한 행동이다

따돌림당하는 일을 외면하면 더 힘들어진다

흥미가 결국 큰 차이를 만든다는 것을 기억하자

6장

나답게 멋지게 문제를 해결하는 법

불안을 자신감으로
바꾸는 방법은 따로 있다

•
•
•

사랑을 어떻게 처리하느냐가 인생에서 많은 부분을 결정하듯이
불안을 어떻게 처리하느냐가 인생을 결정합니다.
아침 5분, 저녁 5분 동안 하는 작은 도전이 불안감을 바꿀 수 있습니다.

유석이는 지난 1학기에 게임 과몰입 및 재능 개발 프로그램에
참여했는데 이번 여름방학에 다시 참여했습니다. 유석이에게 왜
또 참여했는지 물어보니 학교에서 게임을 하면 사람들 얼굴을
보며 할 수 있어서 더 재미있는데 혼자서 하면 재미가 없다고 했
습니다.

유석이는 공부를 아주 잘해서 평균 95점 정도를 받습니다. 유석이는 공부를 하지 않으면 왠지 불안하고 미래가 걱정된다고 말했습니다.

불안을 어떻게
처리하느냐가 중요하다

유석이에게 팔을 내밀어 팔씨름을 청했습니다. 자기는 왼손잡이라며 왼손으로 하자고 했습니다. 손에 힘을 주는 유석이 얼굴에 환한 미소가 번졌습니다. 지금 기분을 물으니 기쁘다고 했습니다.

그래서 살면서 기뻤던 기억에 대해 이야기해보자고 했습니다. 태어났을 때 자기가 태어났기 때문에 기뻤다고 했습니다. 심심할 때 할 수 있는 게임을 알았을 때도 좋았다고 했습니다. 또 책을 읽을 때 재미있어서 책을 알았을 때도 좋았다고 했습니다.

기쁘다의 반대를 물었더니 슬픔이라고 했습니다. 슬픈 기억에 대해 물으니 없다고 했다가 잠시 후 외할아버지가 돌아가셨을 때 가장 슬펐다고 했습니다.

독서하기를 좋아한다는 유석이에게 학교에서 공부가 어느 정도인지 구체적으로 물으니 반에서 상위권이라고 했습니다. "공부를 잘하는구나"라고 칭찬해주고 게임을 하면서도 어떻게 공부를 잘하는지 비결이 궁금하다고 하니까 미래가 걱정되어 공부한다고 했습니다.

중학교 성적을 관리하기 위해서도 공부를 하는데 아직은 게임에 많이 빠지지 않았으며 게임할 때 불안을 체험하기도 한다고 했습니다.

게임이 재미있어서 심심할 때 오락으로 하지만 계속하면 공부를 못하게 될 것 같은 불안감이 생기면 바로 그만두며, 게임은 심심할 때 오락으로 잠시 하는 것으로 생각한다고 했습니다.

유석이는 다른 아이들과 다르게 불안을 자신이 성장할 수 있는 연료로 사용했습니다. 대부분 아이는 자기 능력보다 과한 과제를 만나면 부담스러워 회피합니다. 학년이 올라갈수록 점점 그 수가 많아지는데 특히 중학교에서 고등학교로 진학하면 해결되지 못한 수학, 과학 문제는 치명적으로 작용합니다.

유석이의 꿈은 역사가 또는 경영컨설턴트가 되는 것이라고 했습니다. 역사서를 자주 읽는데 역사가 재미있어서 역사가가 되고 싶고, 경영컨설턴트는 왠지 멋있어 보인다고 했습니다. 어떤 역사가나 경영컨설턴트가 되고 싶으냐니까 인상이 좋아야 다른 사람들과의 관계가 발전하므로 인상이 좋은 사람이 되고 싶다고 했습니다.

능력에 맞는
도전을 하자

세계적인 심리학자 미하이 칙센트미하이는 자신의 저서 『몰입의 즐거움』에서 집중해야 할 과제의 난이도가 능력에 비해 높으면 무관심해지고 무관심은 걱정으로 변하며 결국 심리적으로 불안한 상태가 된다고 했습니다. 반대로 난이도가 낮으면 무관심이 권태로 변화한다고 했습니다. 이러한 불안과 권태에서 벗어나 몰입으로 가는 방법으로 아이 능력에 맞는 도전을 주고 반응하게 하는 것이 매우 중요하다고 강조했습니다.

아주 작은 것이라도 스스로 생각해서 계속 끈기 있게 도전하면 어느 순간 머릿속에 해결할 수 있는 생각이 떠오릅니다. 그 순간 희열을 느끼고 자신감을 갖게 됩니다. 그러나 반대로 혼자 생각할 수 있는 기회를 빼앗으면 아이들은 점점 자기 재능을 보지 못하는 장애인이 되어버립니다.

유석이는 꿈을 이루기 위해 해야 할 일로 직업에 대한 조사와 관련된 책을 열심히 읽고 자주 웃는 것이라고 했습니다. 상담을 마치면서 자신이 무엇을 해야 하는지 느끼는 시간이었다고 소감을 말했습니다.

앞으로 유석이가 학년이 올라가면서 더 커지는 불안 앞에서도 포기하지 않고 도전해서 자신 안에 있는 훨씬 크고 놀라운 존재와 만나기를 기대합니다.

불안을 자신감으로 바꾸는 방법은 아침, 저녁에 5분 정도 해결하지 못한 문제를 생각해보는 것입니다. 적절한 수학 문제 또는 명언 같은 문장을 반복해서 혼자 머리로만 풀어보거나 암기하는 것입니다. 이런 시간이 잠들어 있는 무한한 능력을 깨워 무엇을 원하는지에 대한 단서를 제공할 것입니다.

solution

❶ 인간은 태생적으로 불안한 감정을 가지고 있습니다. 사랑이 모든 사람에게 있는 것처럼 말입니다.

❷ 사랑을 어떻게 처리하느냐가 인생에서 많은 부분을 결정하듯이 불안을 어떻게 처리하느냐가 인생을 결정합니다.

❸ 아침 5분, 저녁 5분 동안 하는 작은 도전이 마치 거친 바다에서 파도를 타듯 불안을 바꾸게 해줍니다.

내면의 부정적 생각,
이렇게 극복하자

．
．
．

부정적인 내면의 비판자에게서 자유로워지고 싶다면 아침에 일어나
'내가 생각하는 부정적인 생각은 사실이 아니다'라고 생각하면서
열 번 조용히 말해봅니다. 부정적인 생각은 인식의 오류입니다.

고등학교 3학년인 재우는 말할 때마다 자신을 아무 쓸모가 없는
사람이라고 아주 혹독하게 스스로를 비판했습니다. 자기는 생각
을 너무 많이 하며 그런 생각 때문에 병원에 다니는데 공부하려
고 하면 더 불안해졌습니다. '떨어지면 어떡하지' 하고 부정적인
스위치가 동시에 작동해서 온갖 생각이 머릿속에서 왔다 갔다

하고 최근에는 방 안에 있으면 방이 점점 좁아져 짓누르는 느낌이 가끔 들어 놀라는데 올해 들어 특히 심해졌습니다.

알아차리면 신기하게
마음이 가벼워진다

재우가 너무 피곤하다며 어깨가 축 처진 채 교장실을 찾았습니다. 열아홉 살 재우는 큰 덩치에 도수 높은 안경을 썼는데 차분한 말투와 달리 가끔 웃는 모습이 어색해 보였습니다.

재우에게 현재 고통스러운 상태를 표현해보라고 하면서 먼저 수치로 물었습니다. 0과 10 사이에서 8 정도라고 했습니다. 8인 상태를 말해보라고 하니 그냥 생각이 멈추지 않는다고 했습니다. 별로 좋아하지 않는 생각에 깊이 빠져들고 그러다보니 잠을 잘 못 잔다고 했습니다.

재우는 잡생각이 떠나지 않으니 잠들 틈이 없고 피곤해서 사람들에게도 좋지 않게 대하게 되며 결국 자신조차 해친다고 했습니다. 지금 말한 것을 종합하면 어떤 단어가 떠오르는지 물으니 '잡념'이라고 했습니다.

재우에게 계속 이렇게 잡념이 들면 어떻게 될지 물으니 죽을 것 같다고 했습니다. 해결책을 생각해보자고 하니 '부정적인 생각을 멈추게 하는 것'이라고 했습니다. 그렇게 되면 어떻게 될 것 같으냐고 하니까 일단 생각이 많이 줄어줄 것이며, 부정적인 면이 사라져 지치는 일과 기분이 나빠지는 일도 없고 잠도 전보다 잘 잘 수 있을 것 같다고 했습니다.

그러면 사람들에게 좀더 긍정적으로 대하고 자신도 더 좋게 평가하며 전보다 더 활기차게 생활해서 지금보다 더 나을 것 같다고 했습니다.

재우에게 지금 기분이 어떤지 물었더니 피곤하다고 하기에 피곤하게 하는 것들을 단어로 써보라고 했습니다. 대학, 휴식, 지침, 아무것도 하기 싫다, 입시, 자고 싶다 등을 썼기에 각각의 이유를 들어보았습니다. 입시는 너무 코앞에 다가온 현실이고 대학은 고 3이면 누구나 겪는 입시이기 때문에 가장 많이 생각한다고 했습니다.

재우가 아무것도 하기 싫은 이유는 아무 생각도 하기 싫기 때문인데 잡생각이 많다고 했습니다. 여기저기 신경을 너무 많이 쓰다보니 그렇다고 했습니다. 쓸데없이 머리가 복잡하고 잠을 제대로 자지 못하며 불면증 때문에 힘들어 휴식하고 싶다고 했습니다.

부정적인 생각은
인식의 오류다

부정적인 생각은 교묘하게 사람의 약점을 공격합니다. 부정적인 센서는 한시도 쉬지 않고 노려보면서 조금만 틈이 생기면 다시 불안과 공포를 조장합니다. '난 안 돼' '큰일 났네' 하면서 교활하게 힘없는 감정을 공격합니다.

하지만 우리는 이런 부정적인 생각이 인식의 오류이며 진실이 아님을 알아야 합니다. 또 부정적인 생각을 알아차리는 단순한 행동을 의식적으로 하면 어렵지 않게 벗어날 수 있습니다.

재우에게 좀더 깊이 알아차리는 작업으로 지금 써놓은 단어 중 하나를 선택해보라고 했더니 '지침'이라고 했습니다. 재우에게 다시 모험놀이보드인 리멤버 카드를 석 장 주었습니다. 리멤버 카드 보드놀이는 아이들 마음속에 있는 단어를 제시해 돌아가면서 이야기를 이어가는 것입니다.

'지침'이라는 단어를 생각하면 성장, 안정, 고통 중 어디에 속하는지 물었더니 '고통'이라고 했습니다. 이어서 고통스럽게 했던 이야기를 들었습니다. 중학교 때 왕따당해서 고통스러웠고 할머니가 돌아가셨을 때도 슬펐다고 했습니다.

부정적인 생각이 지나치면 자칫 우울증과 무기력으로 옮겨갈 수 있습니다. 자기 생각을 있는 그대로 써봅니다. 그리고 스스로 벗어나야겠다는 마음만 먹어도 불안으로 인한 부정적 기분이 순간적이며, 별로 중요하지 않다는 것을 곧바로 체험으로 느끼게 됩니다.

이때 우리의 마음을 괴롭히는 실패나 성공에 대한 두려움을 있는 그대로 알아차리는 것이 매우 중요합니다. 알아차리면 정말 신기하게 가벼워지고 그 자리에서 새로운 생명체가 자라게 됩니다.

고등학교 시절 아이들이 공부로 힘들고 지쳐 있을 때 그 감정을 솔직하게 말할 수 있도록 도와주면 알아차리는 자신에게 큰 힘이 됩니다.

자기 이야기를 하다보면 마치 멋진 음악을 듣는 것처럼 위로가 됩니다. 그래야 소중한 자기 목표가 단조롭고 한없이 피곤한 것으로부터 풍성하고 온전하게 성장하게 됩니다.

부정적인 내면의 비판자로부터 자유로워지고 싶다면 아침에 눈을 뜨고 일어나 '내가 생각하는 부정적인 생각은 사실이 아니다'라고 생각하면서 열 번을 조용히 말해봅니다. 그리고 하루 일상 중 부정적인 생각이 올라올 때마다 왼손 엄지손톱으로 오른손 손톱 끝을 아플 정도로 지그시 눌러줍니다. 그리고 다시 '이 생각은 진실이 아니다'라고 말하면서 그 생각이 자연스럽게 지나가게 놓아줍니다.

　이것은 일종의 명상하기 방법입니다. 이를 반복하다보면 두려움과 불안한 생각으로부터 또 다른 면으로 안내해줍니다.

solution

❶ 사람의 인생을 바꾸는 방법이 있느냐고 물으면 몇 가지 있지만 그 중 하나가 부정적인 생각을 바꾸는 것이라고 말합니다.

❷ 한번 부정적 생각이 인식되면 고치기가 정말 어렵습니다. 그래서 의도적인 연습이 필요합니다.

❸ 부정적인 말과 행동을 할 때 알아차리고 그때마다 왼손 손톱 끝으로 오른손 손톱을 아프게 눌러봅니다. 주머니에 조약돌을 넣어두고 만져도 좋습니다. 그리고 '이 생각이 진실이 아니다'라고 말해봅니다. 열 번 이상만 반복하면 또 다른 나를 만나게 될 것입니다.

용기와 두려움 사이에서
우리는 어떻게 해야 할까?

.
.
.

5년 단위로 나누어 그때 가장 멋진 일들을 써봅니다.
이 작업은 자신의 삶을 삼자가 되어 객관적으로 되돌아보는 것입니다.
이렇게 자신을 되돌아보는 것의 보상은 엄청납니다.

고등학교 1학년인 용진이와 하윤이는 게임 덕분에 꿈을 갖게 되
었습니다. 게임을 통해 자신의 독특함을 회복하고 있었습니다.
공부 때문에 위축되었다가 몰입할 수 있는 것을 찾은 것입니다.
용진이와 하윤이는 이 독특함이 우리가 갖고 있는 공부와 재산,
외모 등과는 아무 상관이 없다는 것을 깨닫게 해주었습니다.

위험은 용기와 두려움의
중간 공간이다

용진이와 하윤이를 만나자마자 먼저 두 사람이 팔씨름을 하게 했습니다. 용진이가 가볍게 이겼습니다. 승자인 용진이와 내가 다시 팔씨름을 했는데 내가 이겼습니다. "와, 선생님 팔 힘이 세네요!" 하기에 같이 웃었습니다.

용진이는 롤 전력 분석가가 되고 싶다고 했습니다. 일단 2부 리그 코치나 감독으로 들어가 2부 리그 1등을 해서 1부로 승격시킨 다음 1부 리그에서 우수한 성적을 거두어 롤드컵 같은 대회에 나가고 싶다고 했습니다. 혹시 잘 안 되더라도 실력은 배신하지 않기 때문에 열심히 노력해서 결국 성공하면 좋겠다고 했습니다.

용진이 꿈을 듣고 난 하윤이는 프로게이머가 꿈이라고 했습니다. 현재 자신은 좋은 환경에서 게임을 배우고 있으며 실력만 올리면 꿈을 이룰 수 있다고 했습니다. SKT라는 팀에 들어가 좋은 활약을 해서 롤챔스 우승, 롤드컵 우승을 하고 더 나아가 국가대표까지 하고 싶다고 했습니다.

두 친구가 꿈을 이루는 데 장애물이 무엇인지 서로 묻고 답하는 시간을 가져보자고 했습니다. 용진이는 하윤이에게 자신은 실패에 대한 두려움이 있다고 했습니다. 그리고 진짜 문제는 자신의 게임 실력인데 예전에도 대회에 많이 나갔지만 좋은 성적을 거두지 못했다고 했습니다. 일단 롤 실력이 다른 친구들보다 많이 부족해서 게임할 때 좀더 집중하고 최선을 다해야 한다고 했습니다.

용진이 이야기를 들은 하윤이는 자신의 장애물은 학교, 친구, 가족, 군대라고 했습니다. 지금 실력이 좋아 프로팀에 들어간다 해도 학교는 빠지지 못한다고 했습니다. 그리고 가족은 무조건 '너는 안 된다'고 무시하고 게임을 너무 오래한다며 잔소리한다고 했습니다.

그러면서 오직 실력을 기르는 것이 답이라고 했습니다. 프로 게이머는 군대에 갔다 오면 계속하기가 힘들기 때문에 군대를 미루려 한다고 했습니다. 꼭 국가대표가 되어서 금메달을 따고 싶다고 했습니다.

고대 그리스의 철학자 아리스토텔레스는 위험에 대해 용기와 두려움의 중간 공간이라고 했습니다. 그 중간은 자신을 발견하기 위해 과거의 자신에서 탈출해 미래의 자신을 찾아가는 과정이라고 했습니다. 위험은 피하는 것이 아니라 감수할 때 새로운 사람으로 거듭난다는 것입니다.

교육은 자신의 탁월함을 찾아 위험을 감수하는 일이다

두 친구에게 종이를 나누어주고 각자 게임을 어떻게 생각하는지 물었습니다. 용진이는 게임은 기쁨, 흥미진진, 즐거움이라고 했습니다. 왜 그렇게 생각하는지 물으니 게임을 할 때는 승패에 상관없이 늘 기쁘다고 했습니다. 물론 이겼을 때는 더 즐겁다고 했습니다.

하윤이는 게임이 즐겁다, 짜증난다, 행복하다고 했습니다. 자기가 관심 있어 하는 것을 하니 즐겁지만 팀이 못하거나 게임이 안 풀리면 짜증난다고 했습니다. 게임을 하면 모든 일을 잊게 되고 게임에만 몰두할 수 있어 행복하다고 했습니다.

게임을 좋아하는 각자의 또 다른 공통점을 찾아보라고 하니까 한참 이런저런 이야기를 나누더니 수영, 축구, 고기 먹는 것을 좋아한다고 했습니다. 그리고 차이점은 응원하는 팀이 서로 다르며 노는 곳이 다른데 하윤이는 홍대 쪽에서, 용진이는 주로 피시방에서 논다고 했습니다.

마지막으로 꿈을 이루기 위해 꼭 해야 할 일들을 말했습니다. 경기를 분석하고 건강을 잘 챙겨야 한다고 했습니다. 하기 싫은 교과 공부를 꾸준히 하고 잘 먹어야 한다고 했습니다.

상담을 마치면서 용진이는 친구 얘기를 듣다보니 꿈에 대한 의욕이 더 생겼다고 했습니다. 상담을 계기로 자기 자신에 대해 더 알 수 있었고, 꿈을 좀더 명확하게 해주었다고 했습니다. 하윤이는 새로운 친구를 알 수 있게 자리를 마련해주어 감사하다고 했습니다. 그리고 친구의 꿈을 알게 되고 내 꿈을 향해 무엇을 해야 하는지도 알게 되었으며, 공부는 진짜 하기 싫지만 꿈을 위한 것이니 노력해야 할 것 같다고 했습니다.

우리 학교에 e스포츠학과가 있는 것을 알고 프로게이머가 되고 싶어하는 아이들의 자발적인 상담 의뢰가 많습니다. 이런 아이들과 상담할 때 마지막에 꼭 꿈이 무엇인지 물어봅니다. 가능성의 꿈을 말하지만 사실 게임을 좋아하는 아이들에게 묻는 꿈에 대한 질문에는 게임을 그만하고 다른 꿈을 가졌으면 하는 세속적인 계산이 숨어 있습니다. 무의식중에 게임은 중독될 위험이 있으며 공부에 방해가 된다고 생각하는 것입니다.

그리고 게임을 해도 선수가 되기에는 너무 힘들다는 편견이 바탕에 깔려 있습니다. 이 친구들의 꿈을 이해하기보다는 내 잣대로 위험하게 보는 것입니다. 내가 공부하고 경험한 사회 패러다임으로 불안한 미래를 추측합니다. 지금의 사회제도에 따라가지 못하면 낙오자가 된다고 생각합니다. 이것은 어떻게 보면 기성세대가 살던 불안의 산물을 아이들에게 강요하는 것입니다.

그런데 용진이, 하윤이 두 친구와 상담하면서 내 생각이 어리석다는 것을 깨달았습니다. 교육은 어떤 답을 놓고 그것을 암기하듯 하는 것이 아니라 자신에게 맞는 탁월함을 찾아 위험을 감수하고 나아갈 수 있도록 지지하고 격려하는 것이라는 사실도 잊으면 안 됩니다.

자신의 독특함을 회복하고 찾는 방법으로 타임라인을 정해 써보는 것이 있습니다. 자기 인생을 5년 단위로 나누어 그때 가장 멋진 일들을 써보는 것입니다. 이 작업은 자신의 삶을 삼자가 되어 객관적으로 되돌아보게 해줍니다. 이렇게 자신을 되돌아보는 보상은 엄청납니다. 틀에 갇힌 선입견에서 자신을 넘어서고 안에 숨어 있던 재능을 새롭게 발견하게 될 것입니다.

---

solution

❶ 용기를 내기 위해 잠시 머무는 혼란스러운 공간이 있습니다. 그것은 용기와 두려움 사이에 놓여 있습니다.

❷ 이 공간을 인식하는 방법은 정말 재미있어 하는 것을 자기 이야기로 써보는 것입니다.

❸ 쓰다보면 본래 있었던 멋진 자아와 조우하면서 깊은 소리를 들을 수 있습니다. 그 때 두려움에서 벗어나 진정한 자기만의 용기가 발현됩니다.

현명한 사람만이
도움을 요청할 수 있다

.
.
.

"나는 지금 이 상황과 생각을 거부합니다. 나는 ○○을 선택합니다."
이렇게 도움을 요청할 용기를 내게 되면,
도움의 손길이 당신을 불필요한 소동에서 벗어나게 해줄 것입니다.

재환이는 초등학교 때 학생회장을 했으며 중학교에 진학한 후에
도 나름 완벽하게 하려고, 똑똑해 보이려고 최선을 다했습니다.
하지만 기대 수준에 못 미치는 성적 대신 점점 다른 곳에서 만족
감을 과시하게 되었고, 학교 폭력에 가담하다보니 친구들과 끊
을 수 없는 고리가 만들어졌습니다.

"시원한 일을
찾고 싶어요!"

점심시간에 벤치에 앉아 있는 재환이를 만났습니다. 방학 때 잘 지냈는지 물었더니 재환이가 대답 대신 물었습니다. "선생님, 상담할 수 있나요?" "왜? 무슨 상담을 하고 싶은데?" "어떻게 하면 대학에 갈 수 있나요?" "그래? 그럼 6교시에 담임 선생님께 말씀드리고 교장실에서 보자."

밤색 카디건에 흰 운동화를 신은 잘생긴 재환이가 교장실로 들어왔습니다. 자리에 앉아 음료수를 먹고 나서 상담 테이블로 옮겼습니다. 먼저 팔씨름을 하자고 하니 팔 힘이 약하다며 하얀 이를 드러내고 웃었습니다.

가장 원하는 것이 무엇이냐고 하니 대학에 가고 싶다고 했습니다. 대학 하면 어떤 생각이 떠오르는지 물으니 막막하다고 했습니다. 그래서 살면서 막막했던 기억들에 대해 이야기를 나누었습니다. 초등학교 때는 막막했던 적이 없었다고 했습니다. 중학교 때는 같은 반 친구를 때려서 징계받았을 때 힘들었다고 했습니다. 자기와 친한 친구를 괴롭혀서 그랬다고 했습니다. 그 친구는 그 뒤 학교에 나오지 않았고, 자신은 학교 폭력 회의가 열려 징계를 받았다고 했습니다.

그 일로 엄마를 실망시켜 죄송했다고 했습니다. 그 친구는 무엇을 하는지 모르겠지만 다른 환경에서 잘 살았으면 좋겠다고 사과했습니다. 그 친구와 친구 부모님에게 정말 죄송하다고 했습니다. 또 막막했을 때는 사업하는 엄마에게 안 좋은 일이 있었을 때라고 했습니다.

이어서 '막막하다'의 반대를 물었더니 '시원하다'라고 대답했습니다. 시원한 기억을 말해보라고 하자 한참 생각하더니 초등학교 때 전교회장에 당선된 것 빼고는 없다고 했습니다.

이렇게 막막했던 것과 시원했던 것에 대해 이야기하고 난 후 기분을 물었습니다. 시원했던 일보다 막막했던 일들이 더 많았던 것 같은데 이제부터는 시원한 일을 찾고 싶다고 했습니다. 그리고 이런 것을 처음 해보니 좋다고 했습니다.

재환이에게 시원하게 생각하는 꿈을 물으니 옷 매장을 여러 개 갖고 싶다고 했습니다. 옷 매장을 갖는 사업을 하는 데 장애물은 친구들과 여자 친구라고 했습니다. 해결책을 강구해보자고 했습니다. 친구들과 술을 마시고 놀면 다음 날 생활에 지장이 있으니 대학에 들어가기 전까지는 연락을 줄이겠지만 여자 친구는 잘 모르겠다고 했습니다.

이어서 오늘부터 구체적으로 해야 할 일을 정해보았습니다. 영어 공부를 해야 할 것 같으니 바로 영어학원에 등록하고 수시 입학을 알아보기로 했습니다. 수시 날짜를 알아보기 위해 담임 선생님에게 의류학과가 있는 대학을 알아봐달라고 부탁하기로 했습니다. 그리고 학원에 다니는 모습도 사진을 찍어 보내주기로 약속했습니다.

"좀더 일찍 철이 들었으면 좋겠어요!"

재환이에게 몇 살에 성공하고 싶은지 물으니 30대에 성공하고 싶다고 했습니다. 그래서 성공한 재환이의 하루 일상을 구체적으로 적어보라고 했습니다. "아침에 넓은 집에서 혼자 일어나 다섯 개 매장의 직원들에게서 전화를 받는다. 직원들에게 이것저것 업무를 전달하고 매출을 올리라고 한다. 그러곤 저녁 즈음 매장에 나간다. 매장 관리의 문제점을 꼼꼼히 체크해준 뒤 직원들과 마감을 하고 회식을 한다. 직원들에게 힘을 주고 집으로 돌아와서 쉰다"라고 했습니다.

이번에는 서른 살 재환이가 열아홉 살 재환이에게 해주고 싶은 말을 써보라고 했습니다. "이제 친구들과 그만 놀아라. 대학 진학에 대해 선생님에게 여쭤보고 상담까지 한 것은 정말 잘한 일이야. 대학에 합격해서 나중에 잘살게 될 거야. 그때까지 수고하자.”

재환이를 보면서 좀더 일찍 철이 들었으면 좋았을 거라는 아쉬운 생각이 들었습니다. 중고등학교 시절 무의미하게 놀다가 졸업할 즈음 후회하는 아이들을 종종 봅니다. 그 원인으로는 원만하지 못한 부모 관계나 따라가지 못하는 성적 등이 많은 부분을 차지합니다.

상담을 마치면서 더 적극적으로 할 수 있을 것 같다고 했습니다. 이런저런 이야기를 솔직히 해서 좋았으며 전문대를 꼭 가야겠다고 했습니다.

얼마 후 등굣길 교문에서 재환이를 만났습니다. “대학을 좀 알아봤어?” “선생님, 제 등급으로 갈 수 있는 대학이 없어요.” 수도권에 있는 대학을 다섯 곳 정도 알아보았다고 했습니다. “어떻게 하죠?” 재환이는 고개를 숙이며 심각한 표정을 지었습니다. 담임 선생님은 본인이 더 적극적으로 알아보아야 하는데 숟가락으로 떠먹여달라고 하는 것 같다고 걱정했습니다. 그래서 본인이 알아볼 수 있도록 안내하고 있다고 했습니다.

그동안 마치 총알이 장전된 권총처럼 불안했던 생활이 대입으로 일단 멈추었습니다. 이참에 우왕좌왕하며 멈추었던 호기심이 또 다른 세상으로 뚜벅뚜벅 걸어가는 기회가 되었으면 하는 바람을 가져봅니다.

살면서 불필요한 갈등이나 소동으로부터 안전하게 살려면 자기 마음 관리를 꾸준히 해야 합니다. 불필요한 유혹이 다가오면 다음에 제시하는 문구를 매일매일 반복하는 것이 도움이 됩니다. "나는 지금 이 상황과 생각을 거부합니다. 나는 ○○을 선택합니다." 이렇게 도움을 요청할 용기를 갖게 되면 도움의 손길이 불필요한 소동에서 벗어나게 해줄 것입니다.

solution

❶ 어린 시절 불필요한 감정 때문에 철이 늦게 들어 시간을 허비하고 나중에 후회하는 경우를 종종 봅니다.

❷ 신에게 그 도움을 다음과 같은 방법으로 요청해보기 바랍니다. "나는 이 상황을 거부하고 ○○을 선택합니다."

❸ 자신 속에 있던 거짓된 자아를 뒤로 하고 진실한 자아가 나타날 것입니다.

도움을 청하는 건 비겁한 것이 아니라 현명한 행동이다

·
·
·

승훈이는 꿈을 이루려면
'나쁜 습관'과 '귀차니즘'을 이겨내야 한다고 했습니다.
꿈을 이루기 위해 수업시간에 수업을 열심히 들어야 한다는
긍정적인 생각도 말했습니다.

중학교 3학년인 승훈이는 담임 선생님이 마치 삐딱해지기로 한 아이처럼 함부로 행동해 감당하기 힘들다며 상담을 의뢰했습니다. 승훈이는 하기 싫은 마음이 있는데 그걸로 뭐라고 할 때 제일 싫어했습니다. 또 자기를 믿지 못하거나 공부하다 왔는데 놀다 온 걸로 의심받으면 의욕이 꺾였습니다.

승훈이는 지금은 삐딱선을 타고 있지만 마음속에서는 언제든 그 배에서 내릴 준비를 하고 있다는 느낌이 들어 삐딱선에서 내릴 기회를 주고 싶었습니다.

보상을 조건으로 하는 공부는 한계가 있다

교장실을 찾은 승훈이를 만났습니다. 한 시간 남짓 이야기를 나누면서 승훈이가 던지듯 내뱉은 "왜 나는 나한테 도움이 되는 것을 싫어하지?"라는 말이 신경 쓰였습니다. 그래서 요동치는 파도 속에서 표류하지 않으려면 우선 자신에게 솔직해져야 하는데, 다른 사람과 관계 맺기에 힘들어하는 아이들에게 자주 적용했던 '자신과 데이트'를 해보는 시간을 갖게 해주어야겠다는 생각이 들었습니다. 자신과의 데이트는 '싫어'라고 몸부림치며 말하는 자기 내면의 소리에 귀를 기울이게 해보는 것입니다.

승훈이에게 집에 가서 자신의 과거, 현재, 미래에 대해 글로 써보라고 제안했습니다. 흔쾌히 하겠다고 하기에 이것은 반성문이 아니라고 강조했습니다. 그리고 산책을 한 시간 정도 하고 나서 쓰면 도움이 될 거라고 팁을 주면서 상담을 마무리했습니다.

다음 날 승훈이는 찢어진 노트에 다 채우진 않았지만 빼곡하게 자기 이야기를 써왔습니다. 보기보다 낯가림이 심하고 초등학교 때 학교생활이 무서웠지만 열심히 극복했다고 했습니다. 자기는 하고 싶은 것을 무조건 하는 성격인데, 엄마가 성적을 잘 받아오면 하고 싶은 것을 해주겠다고 해서 평균 90점 이상을 받으며 엄청 즐겁게 초등학교를 졸업했다고 했습니다.

평소 공부하는 것을 싫어하고 주로 벼락치기로 공부하다보니 중학교에서는 시험이 어렵고 공부할 것도 많아서 성적이 안 나왔다고 했습니다. 때마침 만난 중2병과 사춘기가 겹쳐 방황했다고 했습니다. 중학교 때 기억은 항상 새벽까지 놀고 학교에 가면 수업시간에 잠만 잤다고 했습니다.

정신을 차렸지만 말이 쉽지 행동이 따르지 않았고 노는 습관과 공부하지 않는 습관을 버리지 못했다고 했습니다. 그러다 텔레비전에서 배우 김수현이 나오는 드라마를 보고 배우의 꿈을 키웠는데 사실 그것도 말로만이지 노력은 하지 않았다면서 글을 마무리했습니다.

부모님이 보상을 조건으로 공부하게 하거나 끊임없이 거친 잔소리를 하면 아이에게 부정적 자아상을 갖게 합니다. 이런 상태로 사춘기를 거치면 일상이 모두 거꾸로 돌아가는 원인으로 작용합니다. 결국 서로 없는 것만 찾는 혼란스러운 상태가 됩니다.

긍정적인 말의
중요성을 알자

승훈이에게 무슨 문제를 다루고 싶은지 원을 그리고 그곳에 써 보라고 하니 원 한쪽에 '습관'이라고 썼습니다. '습관' 하면 무슨 생각이 드냐니까 모호하다고 하더니 '나쁨'이라고 썼습니다. 승훈이와 습관과 나쁨의 연결고리를 탐정처럼 찾아가는 시간을 가 져보자고 했습니다.

우선 기억나는 '나쁨'에는 어떤 것이 있느냐고 하니 엄마, 아 빠에게 혼난 일이 생각난다고 했습니다. 아빠에게서 자주 잔소 리를 듣는데 지나간 일을 끄집어내 했던 말을 또 하고 또 하며 한 시간 이상 잔소리를 해대니 기분이 너무 나쁘다고 했습니다.

또 농구 대회에 나갔을 때 전에는 대회에서 다 이겨서 자기 팀 이 제일 잘하는 줄 알았는데 엄청 잘하는 팀을 만나서 지고 난 다음 상대 팀이 좋아하는 모습을 보고 기분이 나빴다고 했습니 다. 그리고 대개 '싫어하는 일을 할 때' 기분이 나쁘지만 그런 일 은 빨리 털어버리는 성격이라고 했습니다.

승훈이는 '나쁨'의 반대 상황은 '좋음'이라면서 지금 여자 친구 를 만났을 때와 게임에서 우승했을 때 가장 좋았는데, 그 이유는 흥미가 있기 때문이라고 했습니다. 또 이루고자 하는 게 있을 때 좋다고 했습니다. 이루고자 하는 상황을 좀더 구체적으로 말해 달라고 하니 게임에서 이기려고 노력하는 것, 여자 친구에게 잘 해주려고 노력하는 것이라고 했습니다.

승훈이는 나쁜 습관이 쌓여 만들어진 것이 '노는 것'과 '자는 것'이라고 했습니다. 구체적으로 어떻게 노는지 물었더니 매일 텔레비전을 보고 노래방에 가며 미친 듯이 게임을 한다면서 '나한테 도움이 되는 것을 싫어하는 것' 같다고 말했습니다.

상담을 마치면서 승훈이에게 꿈이 무엇인지 물으니 배우라는 꿈을 가슴에 품고 있다고 했습니다. 꿈을 이루는 데 아쉬운 점은 노력을 안 하는 것과 시간이 늦었다는 생각이 자꾸 드는 것이라고 했습니다. 그럼에도 해야 할 일을 좀더 구체적으로 해보자고 하니 연기 실력이 늘어야 하고 '나쁜 습관'과 '귀차니즘'을 이겨 내야 한다고 했습니다.

꿈을 이루기 위해서는 수업시간에 안 자고 수업을 열심히 들어야 한다고 이야기했습니다.

승훈이와 상담하면서도 아이를 닦달해서 10을 얻는다면 회복할 수 없는 많은 것을 잃는다는 것을 다시 한 번 알게 되었습니다. 혹시 아이가 밤늦게 들어와 다른 의심이 들어도 "아들, 수고했어." "늦어서 걱정했다"고 말하는 것이 훨씬 효과적이며 아이와 관계에도 도움이 됩니다.

아이에게 마음과 다르게 욱하고 부정적인 잔소리를 반복한다면 다음과 같은 방법을 실천해보기 바랍니다. 상담 코칭에서 사용하는 기법으로 아이와 자신이 하는 말을 녹음하는 것입니다. 그리고 녹음한 것을 노트에 그대로 써봅니다. 여기까지 실천한 사람은 자신이 주로 어떤 말을 아이에게 하는지 생생하게 체험할 수 있습니다. 또한 부정적인 언어 습관을 교정할 힘도 가지게 될 것입니다. 동시에 아이와 감정적인 부분까지 공감할 수 있는 능력도 다시 살아나게 될 것입니다.

solution

❶ 사람들은 마음과 다르게 행동하는 자신을 고치고 싶어합니다.

❷ 그러나 마음과 다르게 그것이 잘 안 되는 것이 현실입니다. 마음에는 자신도 모르게 과거의 강박적인 무의식이 자동으로 작동하기 때문입니다.

❸ 이것을 극복하는 방법으로 자신이 말하는 것을 녹음해서 써보면 그 이유와 해결책을 찾을 수 있습니다.

따돌림당하는 일을 외면하면 더 힘들어진다

·
·
·

아이가 갑자기 말수가 줄어들거나 평소와 다른 행동을 보인다면
다른 이유가 있을 수 있다는 것을 명심하고
자주 식사나 산책을 함께하면서 아이 말에 더 귀를 기울여야 합니다.

고등학교 1학년인 범수가 학교를 그만둔다고 하자 담임 선생님
이 다급하게 상담을 의뢰했습니다. 범수는 초등학교 때부터 지
금까지 왕따를 당했습니다. 중학교 때도 초등학교 때 소문 때문
에 또 왕따를 당했습니다. 그 후 집에서 잘 나가지 않고 우울증
에 자살 충동까지 느끼면서 살았습니다. 고등학교에서도 왕따를

당하다가 기타를 알게 되었는데 혼자 기타를 치며 살고 싶어져 학교를 그만두려고 했습니다.

감탄은
받아들임이다

범수와 함께한 일주일은 마치 낯선 나라를 여행하는 것처럼 미로 같았습니다. 범수는 처음 교장실에 왔을 때 문 앞에서 화난 표정으로 되돌아가려고 했습니다. 일주일 동안 세 번을 어렵게 만났지만 상담이 제대로 되지 않았습니다. 낯가림이 심한 범수가 마음을 열 때까지 기다렸습니다.

두 번째 만남에서 불편해하는 범수에게 그렇게 불편하면 오지 않아도 된다고 진심으로 얘기하면서 학교를 떠나더라도 잘되었으면 좋겠다고 했습니다. 어디로 가든 마음을 솔직하게 정리해보면 살면서 도움이 될 거라고 했습니다. 다시는 안 올 듯했던 범수가 누런 종이에 글을 넉 줄 써왔습니다. 짧은 글이었지만 솔직했습니다.

상담을 하지 않아도 된다고 포기하려는 마음을 먹는 순간 범수가 다가오는 신기한 경험을 했습니다. 상담하면서는 의도적으로 왕따 이야기는 하지 않았습니다. 그저 다른 아이들처럼 자연스럽게 대하며 왕따의 굴레에서 벗어나는 시간을 갖게 해주고 싶었습니다.

이야기의 초점을 왕따 문제에서 다른 곳으로 맞추며 만난 범수의 가장 큰 장점은 감탄을 잘하는 것이었습니다. 특히 자기감정을 조절하는 연습을 한 후 불편한 자신을 바라보기 시작했습니다. 바꾸고 싶은 것을 스스로 찾아냈습니다. 마치 큰 깨달음을 얻은 것처럼 조금만 이해가 되면 '아!' 하는 소리를 내며 수시로 감탄했습니다. 그 감탄에 더 흥이 났는데 시계를 보니 상담을 시작한 지 벌써 2시간이 지났습니다. 우리는 서로 얼굴을 보고 웃었습니다.

범수에게 지금 기분이 어떤지 물었더니 편하다고 했습니다. 보통 언제 편한지 물으니 잠잘 때와 운동할 때 편안하다고 했습니다. 운동은 고등학교 1학년 때 유튜브를 보다가 운동하는 사람의 힘이 좋은 것을 보고 시작했다고 했습니다. 운동을 시작하면서 몸이 좋아지고 살도 빠졌으며 이후 운동하는 사람들 영상을 더 많이 보게 되었다고 했습니다. 무슨 일이 있어도 시간을 내서 운동을 꾸준히 했고, 지금도 더 건강해지기 위해 운동을 한다고 했습니다.

범수에게 어떤 상황에서 편안해지는지 물었습니다. 무언가에 시달리지 않고 다른 사람과 같이할 때보다 혼자 할 때 걱정이 없어지고 안정된다고 대답했습니다.

범수가 점점 말하면서 눈을 마주치고 짧게 하던 말도 길게 하기 시작했습니다. 불안해보이던 행동도 사라졌습니다. 이어서 '편안하다'의 반대를 물으니 '불편함'이라고 대답했습니다. 어떤 상태에서 불편함을 느끼는지 이야기해보자고 했습니다. 남들보다 못할 때 뒤처져 자존심이 상하고 실력이 이 정도밖에 안 된다는 생각이 들어 불편하다고 했습니다. 또 목적을 이루지 못했을 때 최선을 다했는데도 이루지 못하고 노력이 헛수고가 되어 짜증난다고 했습니다.

불편한 것을 한마디로 표현하면 뒤떨어지는 것이 가장 불편하다고 했습니다. 범수와 불편한 것을 감정으로 나타내고 받아들이는 작업을 했습니다. 불편할 때 어떤 기분을 느끼냐고 하니까 기분이 나빠진다고 했습니다. 불편한 상황과 감정을 간단한 문장으로 만들었습니다.

"나는 비록 남들보다 뒤떨어지면 기분이 나쁘지만, 그럼에도 그런 나를 온전히 마음속 깊이 받아들입니다"라고 불편한 감정을 있는 그대로 쓰게 했습니다. 범수는 쓴 내용을 눈을 감고 반복해서 다섯 번 외우더니 앞으로는 불편한 자신을 받아들이고 괴로운 마음을 바꾸기 위해 노력하거나 찾아보겠다고 했습니다.

바꾸고 싶은 것을
구체적으로 써보자

범수와 세 번째 만났을 때 범수가 자리에 앉고 나서 매번 싫다고 하면서도 약속 시간을 정확히 지켜줘 고맙다고 했습니다. 웃으면서 약속을 지킨 기념으로 팔씨름을 하자고 했더니 손을 내미는 범수 얼굴에 웃음이 보였습니다.

범수는 팔 힘이 아주 강했는데 오른손과 왼손으로 번갈아 하고 나서 운동했는지 물으니 헬스한 지 2년 되었다고 했습니다. "역시! 그래서 힘이 세구나" 하고 칭찬해주었습니다. 마음이 편해졌는지 음악을 좋아한다고 하기에 나는 노래 부르기를 좋아한다고 맞장구쳤습니다.

바로 최근 연습하고 있는 〈배워서 남 주나〉라는 노래를 들려주었습니다. 그리고 노래 첫 박자를 매번 틀린다며 가르쳐달라고 했습니다. 범수는 노래를 듣더니 손바닥으로 책상을 치며 진지하고도 친절하게 가르쳐주며 흥얼거렸습니다. 범수 표정이 한층 더 밝아졌습니다.

범수에게 바꾸고 싶다는 마음을 좀더 구체적으로 써보자고 했습니다. '나는 ○○를 바꾸고 싶다'라고 써놓고 그 가운데 변하고 싶은 것을 써보라고 했더니 '모르는 것이 있을 때 그대로 지나가지 않고 이해하기 위해 노력하기'라고 써넣었습니다. 어떻게 실천할 거냐고 물으니 '마음가짐을 굳게 하고 그것을 계속 듣고 보면서 하나하나 분석하려고 노력하기, 분석한 것을 행동으로 해보기, 내팽개치지 않고 끝까지 하기'라고 했습니다.

범수는 남에게 구박받는 일 없이 평범하게 살고 싶다고 했습니다. 나는 농담조로 "평범하게 사는 게 제일 힘든 거야!"라고 말한 뒤 "어떻게 사는 것이 평범하게 사는 것인데?" 하고 물었습니다. 교회에서 기타 연주를 하고 필요할 때 알바를 해서 용돈을 벌며 운동 관련 일을 하면서 살고 싶다고 했습니다.

상담을 마치면서 자신의 내면에 있지만 몰랐던 점을 구체적으로 알게 되었다고 했습니다. 기분이 좋아졌으며 자신을 더욱 잘 받아들이고 고치기 위해 노력하겠다고 했습니다. 다행히 범수는 자퇴 문제는 좀더 생각해보기로 하는 선에서 마무리했습니다.

이 글을 읽는 분들 중 학부모가 있다면 아이가 갑자기 말수가 줄어들거나 평소와 다른 행동을 보인다면 사춘기라고 단정짓지 말기 바랍니다. 다른 이유가 있을 수 있다는 것을 명심하고 자주 식사나 산책을 함께하면서 아이 말에 더 귀를 기울여야 합니다. 따돌림을 제때 처리하지 못하면 그 상처가 고착되어 자라면서 엄청난 고통을 겪게 됩니다.

다음은 힘들어서 모든 것을 포기하고 싶을 때 새로운 용기를 내는 방법입니다. 진심으로 마음을 비웁니다. 마음을 비운다는 뜻은 불편한 자신과 마주한다는 것입니다. 특히 자신의 행동을 있는 그대로 기록해보면 더욱 명확하게 자신을 볼 수 있습니다. 자기 행동을 대상으로 인식하고 행동에 따라 어떤 감정이 올라 오는지 객관적으로 관찰합니다. 스스로를 바라보는 훈련은 자신이 원하는 특별한 것을 찾게 해줄 것입니다.

solution

❶ 용기는 그저 자기 몸 안으로 들어가 찾는 것입니다. 심연으로 들어가봅니다.

❷ 몸으로 들어가다보면 자신의 불편한 모습을 볼 수도 있습니다. 이것을 인정합니다.

❸ 불편하던 공간이 내가 가야 할 곳을 갈 수 있는 새로운 용기로 채워질 것입니다.

흥미가 결국 큰 차이를
만든다는 것을 기억하자

·
·
·

우영이는 게임에서는 틀에 얽매이지 않고 자신만의 방법으로
일을 해결한다면, 공부는 항상 틀에 맞추어
그에 맞는 답을 찾아내야 하기 때문에 힘들다고 했습니다.

우영이는 초등학교 때 아빠와 함께 피시방에 가면서 게임을 하
게 되었습니다. 요즘 아빠가 자신이 게임을 많이 하는 것을 싫
어하는 표정을 지으면 "아빠가 가르쳐주었으면서 그래요?" 하고
농담을 던지지만 자신의 꿈인 프로게이머가 될 수 있을지 알 수
없어 불안하기만 했습니다.

흥미가
차이를 만든다

마치 조선시대 양반처럼 약간 커 보이고 잘 다려진 흰옷을 입은 고등학교 1학년 우영이를 만났습니다. 팔씨름을 하자고 하니 힘이 약하다고 엄살을 부리면서도 막상 손을 잡으니 의자에서 몸을 일으키며 손에 힘을 줘서 작은 얼굴이 빨개졌습니다.

차분하고 편해 보이는 우영이는 자기 생각을 말로도 잘 표현했지만 글로 표현하는 데도 뛰어났습니다. 자기 생각을 아주 조리 있게 표현하는 우영이에게 슬쩍 책을 많이 읽었는지 물으니 초등학교 때 책을 많이 읽었다고 했습니다. 평소 게임을 하지 않는 시간에 밖에서 놀기가 그래서 집에 있는 책들을 읽었다고 했습니다. 책이 몇 권 없어서 돌려보고 기억이 날 때까지 반복해서 읽은 것이 도움이 되었다고 했습니다.

요즘 상담을 하면서 가장 신경 쓰는 부분이 '내가 많이 안다' '내가 아이들을 가르쳐준다' '저 아이를 변하게 해야겠다'는 생각을 버리는 것입니다. 학생이니까 또는 문제가 있어 상담을 받는다고 해서 내가 많이 아는 것 같은 나르시시즘에 빠지면 안 된다며 스스로를 경계합니다. 게임에 빠져 있는 아이는 이렇게 하면 되고, 폭력 성향이 있는 아이는 저렇게 하면 된다는 생각을 버리고 시작합니다.

이렇게 선입견을 버리고 아이를 잘 모른다는 생각으로 대하면 아이들이 더 가까이 다가왔습니다. 잘 모른다는 생각으로 상담을 하다보면 자연스럽게 나보다 아이가 이야기를 더 많이 하게 되어 그렇습니다. 이때 나는 아이 말에 더 집중하게 되고, 동시에 아이에게 맞는 적절한 질문을 하면서 묘하게 하나가 되는 둘만의 따뜻한 공감 공간이 형성되었습니다.

우영이에게 요즘 주로 무슨 생각을 하는지 떠오르는 대로 적어보라고 했습니다. 우영이는 프로게이머가 되는 과정이 어렵지 않은지, 꿈은 꼭 정해야 하는 것인지, 힘든 일이 있을 때 혼자 해결하는 것이 좋은지, 싫어하는 것을 좋게 만드는 법과 문제점이 있을 때 해결하는 좋은 방법은 무엇인지, 자기가 좋아하는 일을 발전시키려고 할 때 슬럼프에 빠졌다면 좋은 해결 방법은 무엇인지, 사람들과 갈등이 생겼거나 먼저 다가가기 힘들 때는 어떻게 하는지, 공부가 정말 중요한지, 인내심이나 끈기를 기르는 법은 무엇인지 등을 순식간에 쏟아냈습니다.

메모한 내용에 순서를 매겨보자고 했습니다. 모두 10개였는데 그 내용을 처음부터 하나씩 다시 한 번 읽은 다음 그 중 하나를 선택해서 좀더 깊이 이야기해보자고 했습니다. 1번인 '프로게이머가 되는 과정'이 궁금하다고 하기에 우영이가 알고 생각하는 프로 입문 과정을 듣고 싶다고 했습니다.

프로게이머는 정말 잘하는 재능 있는 극소수만이 관심 있어하는 프로팀에 채용되거나, 본인이 실력을 쌓은 뒤 자기소개서를 써서 프로팀에 신청하는 방법이 있다고 했습니다. 그리고 자기처럼 재능도 잘 모르겠고 실력이 좋지 않아도 프로팀에 들어갈 수 있을지, 프로팀에 들어갔어도 끈기가 부족한 사람을 긍정적으로 봐줄 수 있는지도 궁금하다고 했습니다.

우영이와 이야기꽃을 피우다가 게임 공부와 학교 공부의 차이가 무엇이라고 생각하는지 물으니 우영이는 흥미가 가장 차이나는 것 같다고 했습니다. 게임에서는 틀에 얽매이지 않고 자신만의 방법으로 일을 해결한다면, 공부는 항상 틀에 맞추어 그에 맞는 답을 찾아내야 하기 때문이라고 했습니다.

모든 배움은
노름의 대상이다

우영이는 학교에서 가장 힘든 점은 한번 밀리기 시작하면 따라잡기가 어려운 것이라고 했습니다. 그러면서 예를 들면 수학 과목은 앞에서 제대로 배우지 못하면 그 뒤에 배우는 것들이 어려워지는 경향이 있다고 했습니다. 앞에 나온 것을 다시 공부하면 되지 않을까 싶지만 공부할 다른 것도 많은데 앞에 있는 것을 다시 할 수 있는지 의문이 든다고 했습니다.

게임을 공부보다 더 좋아하는 이유는 게임 지식은 국·영·수처럼 따로 나뉜 것이 아니라 하나로 통합되었으며, 그 지식을 배운 뒤 나중에 새로운 지식들이 나와도 완전히 새로운 것이 아니라 대부분 전에 있었던 지식에서 발전한 것이기에 게임 쪽이 더 편하게 느껴지기 때문이라고 했습니다.

이렇게 스스로 묻고 대답하고 난 느낌을 물어보니 일단 게임에서 목표를 정하는 것이 제일 중요한 것 같다고 했습니다. 그리고 지금은 여러 생각을 한꺼번에 정리하려는 것 같으니 하나하나 해결하는 것도 중요하다고 했습니다. 우영이는 또 게이머의 꿈은 항상 열려 있으며 주변에 도움을 줄 사람이 많다는 것을 알게 되었다고 했습니다.

우영이는 상담 소감으로 마음속에 있던 숙제를 하나 한 기분이 든다며, 앞으로도 선생님과 얘기하면서 힘든 걸 하나씩 지워 가면 좋겠다고 했습니다. 주변에 프로게이머에 대해 아는 사람이 없었는데 선생님을 만나고 나서 해결방안을 찾은 느낌이라고 했습니다. 이 기회를 놓치지 않고 잘 이어나가면 프로게이머라는 꿈을 현실로 이루어낼 수 있을 것 같다고 했습니다.

철학자 파스칼은 모든 배움은 따지고 보면 노름의 대상이라고, 일단 받아들이면 나머지는 자연스럽게 되며, 만일 그것이 틀린 것이라 해도 그 과정에서 많은 것을 배우게 된다고 했습니다.

다음은 어떤 것을 결정하기가 힘들고 혼란스러울 때 그래도 후회 없이 판단하는 방법입니다. 먼저 자신에게 나는 이 문제에 대해 정말 '잘 모른다'고 이야기합니다. 그리고 아무에게도 말하지 않고 혼란스러운 문제를 문장으로 만들어 내면에 품고 가만히 있어봅니다. 다른 사람에게 이야기하고 싶어도 참습니다.

이렇게 몰입해서 생각하는 습관은 자신 안에 있는 거대한 자신과 마주하게 해줍니다. 일정 시간 품고 있는 문제는 안에서든 밖에서든 어느 순간 대답을 듣게 되는 신비로운 경험을 하게 됩니다.

solution

❶ 우리는 모두 후회하지 않을 결정을 하고 싶어합니다.

❷ 사람들은 많은 정보를 알고 있어야 훌륭한 결정을 할 수 있을 거라고 생각합니다. 이를 반대로 접근해서 나는 정말 이 문제를 모른다고 생각하고 깊이 생각해봅니다.

❸ 마음이 끌리는 뜻밖의 신비로운 자신과 마주하게 되는 행운을 얻게 될 것입니다.

자신을 되돌아보는 보상은 엄청납니다.

틀에 갇힌 선입견에서 자신을 넘어서고

안에 숨어 있던 재능을 새롭게 발견하게 될 것입니다.

★ 메이트북스는 독자의 꿈을 사랑합니다.

꿈을 이루기 위한 생각의 역량을 키워나가자!
청소년이라면 꼭 알아야 할 인문·경제·사회 이야기
권재원 지음 | 값 15,000원

다양한 용어들을 이정표 삼아 학습에 도움이 되는 지식을 습득할 수 있는 청소년 교양서다. 급속도로 발전하는 세상에 발맞춰 시야를 넓히려는 청소년에게 권하고 싶은 책이다. '나'라는 존재와 타인인 상대방을 이해하고, 지식과 정보를 활용해 내 인생을 주도적으로 살아가는 방법을 배워보자. 합리적이고 효율적으로 살아가기 위해 필요한 개념들을 활용해 사고의 범위를 넓히고 마음의 힘인 역량을 키우는 것을 목표로 삼도록 하자.

부모라면 10대 자녀들에게 꼭 해주고 싶은 말들
심리학자 아버지가 아들 딸에게 보내는 편지
김동철 지음 | 값 15,000원

부모가 10대 자녀들에게 꼭 해주고 싶은 말들을 편지의 형식을 빌어 전달한, 10대의 진정한 성장을 돕는 책이다. 세 자녀를 둔 고민 많은 부모이자 소아청소년 심리전문인 저자는 귀찮고 화가 나고 공부가 싫은 우리 시대의 10대들에게 소통과 사랑, 꿈과 공부의 가치를 공감의 문제로 들려준다. 이 책은 정체성 혼란의 시기를 겪는 사춘기 아이들과 양육의 혼란에 빠진 부모들에게 길잡이가 될 것이다.

성교육이 우리 아이의 미래를 결정한다
우리 아이의 행복을 위한 성교육
김영화 지음 | 값 15,000원

이 책은 왜 유아기부터 성교육이 시작되어야 하는지 그 이유를 설명하고 있다. 저자는 유치원에 다닐 때부터 남녀 신체부위의 차이를 가르칠 것을 강조한다. 아이가 성에 관한 궁금한 질문을 할 때가 가장 좋은 성교육의 기회다. 아이 앞에서 성과 관련된 이야기를 나누는 게 왠지 쑥스럽다는 이유로 외면하거나 대충 말하면 안 된다. 아이의 성교육에 무지한 부모라면 이 책을 읽고 지금 당장 아이와 성에 대한 이야기를 유쾌하게 나누자.

딸이 엄마와 함께 사는 법
엄마와 딸 사이
곽소현 지음 | 값 15,000원

엄마와 딸의 갈등 원인과 해결 방법까지 다룬 심리 책이 나왔다. 딸에게 있어 가장 벗어나고 싶으면서도 인정받고 싶은 존재는 바로 엄마다. 역설적으로 딸에게 엄마는 가장 친한 친구이기도 하다. 심리치료 전문가인 저자 곽소현 박사는 20여 년간 상담현장에서 많은 딸을 만나며 모녀 사이의 갈등 해결법을 터득했다. 저자는 이 책에 다양한 엄마와 딸의 상담사례를 담았으며, 자칫 복잡할 수 있는 내용을 이해하기 쉽게 설명한다.

중학생이라면 꼭 알아야 할 교과서 과학

30일 만에 마스터하는 중학교 과학

전형구 지음 | 값 15,000원

어렵다고 느꼈던 과학을 풍부한 비유와 예시로 쉽고 재미있게 배울 수 있는 중학교 과학 학습서다. 이 책에서는 중학교 1학년부터 3학년까지의 교육과정에 나오는 내용들을 물리, 화학, 생물, 지구과학의 영역으로 나누어 꼭 알아야 할 주요 개념을 설명한다. 또한 각 글의 마지막에 '1분 과학 포인트'를 넣어 과학사에 중요한 업적을 남긴 과학자들과 과학 관련 상식을 알려주어 주요 개념뿐만 아니라 과학 상식도 함께 키울 수 있다.

중학생이라면 꼭 알아야 할 교과서 한문

30일 만에 마스터하는 중학교 한문

김아미 지음 | 값 14,000원

한자 학습에 어려움을 겪는 중학생들이 재미있게 공부할 수 있는 책이다. 이 책은 학교마다 각기 다른 한문 교과서를 쓰고 있다는 점을 고려해 각 교과서에 나오는 공통된 내용을 담아 함께 공부할 수 있도록 했다. 한자·한자어·한문·한시 등으로 영역을 나누어 각 영역에서 집중해야 할 부분들을 정리했으며, 예문들 역시 쉽고 익숙한 교과서 중심의 문장들을 활용해 내신과도 연결될 수 있도록 했다.

국어 없이 좋은 대학 없다

국어 1등급은 이렇게 공부한다

강혜진 지음 | 값 15,000원

EBS 프리미엄, 금성 푸르넷, 비타 캠퍼스 등에서 다수의 국어 강의를 인기리에 진행한 '깡쌤' 강혜진이 일찍이 볼 수 없었던 획기적인 국어 공부법 책을 출간했다. 이 책은 국어 공부를 잘 하고 싶은데 어떻게 공부해야 할지 몰라 고민하는 학생들에게 꼭 필요하다. 국어 공부 궁금증과 그에 대한 저자의 구체적인 노하우를 담은 이 책을 통해 본인에게 맞는 작은 국어 학습법을 발견해 실천해나간다면 큰 변화를 이끌어낼 수 있을 것이다.

영어 없이 좋은 대학 없다

영어 1등급은 이렇게 공부한다

정승익 지음 | 값 15,000원

EBS와 강남인강의 스타강사이자 현직 고등학교 교사인 정승익 선생님의 획기적인 영어 공부법 책이다. 영어를 잘하고 싶은데 어디서 어떻게 시작해야 할지 몰라서 고민하고 있는 학생들에게 꼭 필요한 책이다. 학생들이 알아야 할 영어 공부에 대한 모든 것이 담겨있다. 무작정 공부하라고 다그치지 않고, 무지막지한 영어 공부법을 알려주지도 않는다. 이 책을 보면서 조금씩 영어를 공부하고, 천천히 자신을 변화시켜보자.

■ **독자 여러분의 소중한 원고를 기다립니다** ─────────────

메이트북스는 독자 여러분의 소중한 원고를 기다리고 있습니다. 집필을 끝냈거나 집필중인 원고가 있으신 분은 khg0109@hanmail.net으로 원고의 간단한 기획의도와 개요, 연락처 등과 함께 보내주시면 최대한 빨리 검토한 후에 연락드리겠습니다. 머뭇거리지 마시고 언제라도 메이트북스의 문을 두드리시면 반갑게 맞이하겠습니다.

■ **메이트북스 SNS는 보물창고입니다** ─────────────

메이트북스 홈페이지 www.matebooks.co.kr

책에 대한 칼럼 및 신간정보, 베스트셀러 및 스테디셀러 정보뿐만 아니라 저자의 인터뷰 및 책 소개 동영상을 보실 수 있습니다.

메이트북스 유튜브 bit.ly/2qXrcUb

활발하게 업로드되는 저자의 인터뷰, 책 소개 동영상을 통해 책에서는 접할 수 없었던 입체적인 정보들을 경험하실 수 있습니다.

메이트북스 블로그 blog.naver.com/1n1media

1분 전문가 칼럼, 화제의 책, 화제의 동영상 등 독자 여러분을 위해 다양한 콘텐츠를 매일 올리고 있습니다.

메이트북스 네이버 포스트 post.naver.com/1n1media

도서 내용을 재구성해 만든 블로그형, 카드뉴스형 포스트를 통해 유익하고 통찰력 있는 정보들을 경험하실 수 있습니다.

메이트북스 인스타그램 instagram.com/matebooks2

신간정보와 책 내용을 재구성한 카드뉴스, 동영상이 가득합니다. 각종 도서 이벤트들을 진행하니 많은 참여 바랍니다.

메이트북스 페이스북 facebook.com/matebooks

신간정보와 책 내용을 재구성한 카드뉴스, 동영상이 가득합니다. 팔로우를 하시면 편하게 글들을 받으실 수 있습니다.

───

STEP 1. 네이버 검색창 옆의 카메라 모양 아이콘을 누르세요. STEP 2. 스마트렌즈를 통해 각 QR코드를 스캔하시면 됩니다. STEP 3. 팝업창을 누르시면 메이트북스의 SNS가 나옵니다.